自分でできる！
めざせ！

Google Workspace for Education マスター

グーグル ワークスペース フォー エデュケーション

マスター

① Google Classroom、 Google ドライブ™ ほか

グーグル クラスルーム グーグル

監修 **鈴谷大輔**
埼玉県公立小学校教諭
NPO法人タイプティー代表

文 **リブロワークス**

絵 **サナダシン**

汐文社
ちょうぶんしゃ

はじめに

現在の小学校では一人に1台、ノートパソコンやタブレットなどの端末が配られています。その端末で、Google Workspace for Education（以下、Google Workspace）というサービスを使って授業を進めている学校が多くあります。

「自分でできる！ めざせ！ Google Workspace for Education マスター」シリーズは、授業や学校生活で役立つ Google Workspace アプリの使い方について紹介します。

「① Google Classroom、Google ドライブ™ ほか」では、Google Classroom や Google ドライブ、Google Chat を扱います。その他に端末の基本知識についても説明しているため、Google Workspace を使うために必要なことをしっかり学べるようになっています。

つまずきやすい操作も、画面の写真と一緒に一つ一つやさしく解説しているので、この本を読めば、Google Workspace を使いこなせるようになるでしょう。

みなさんも、Google Workspace マスターをめざして練習しましょう！

もくじ

この本の使い方

アプリのアイコン
どのアプリの説明か、アイコンを見て確認しましょう。

操作手順
番号順に操作しましょう。

結果
操作の結果を、黄色の背景の枠に示します。

ヒント
紹介したアプリの使い方のポイントや、注意が必要なことを確認しましょう。

チャレンジ
紹介したアプリが使えるようになったら、挑戦しましょう。

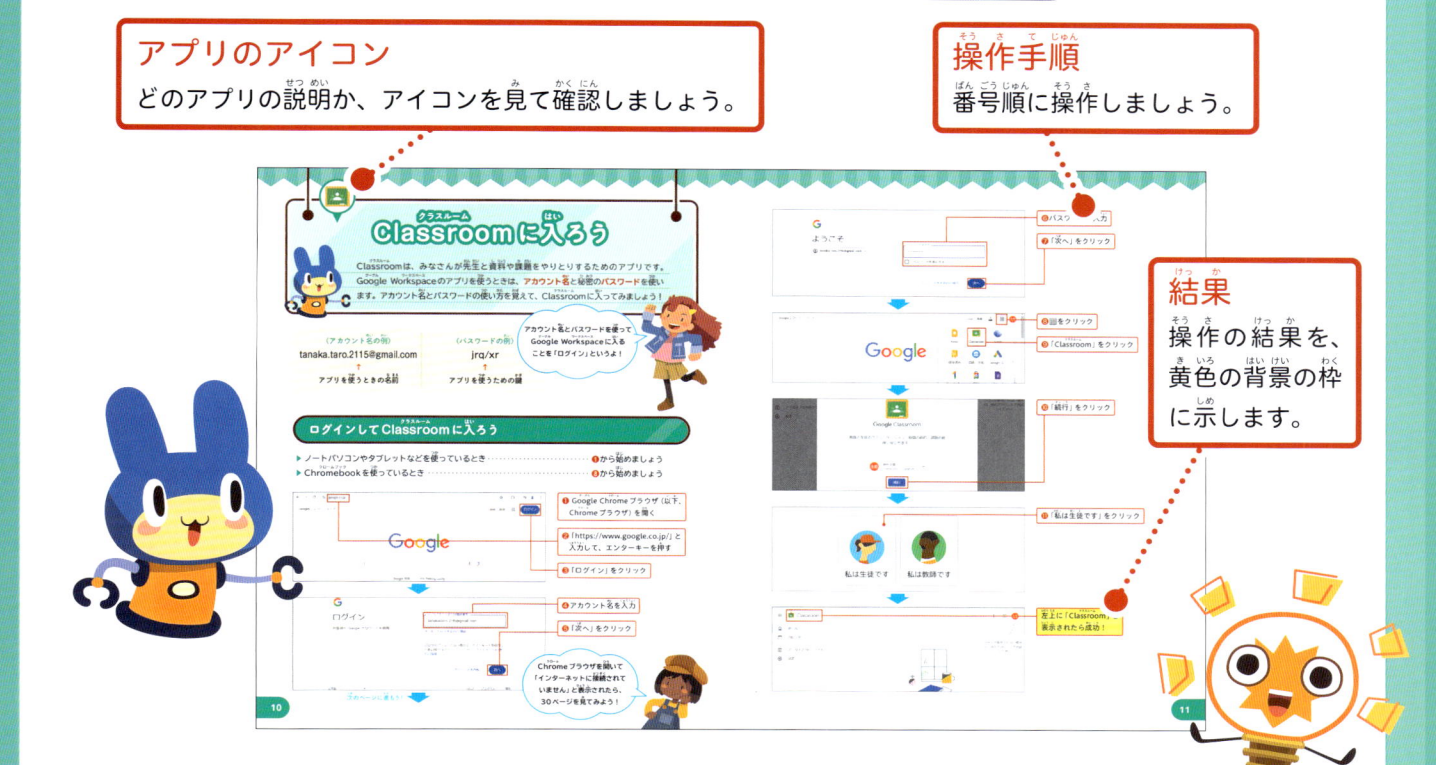

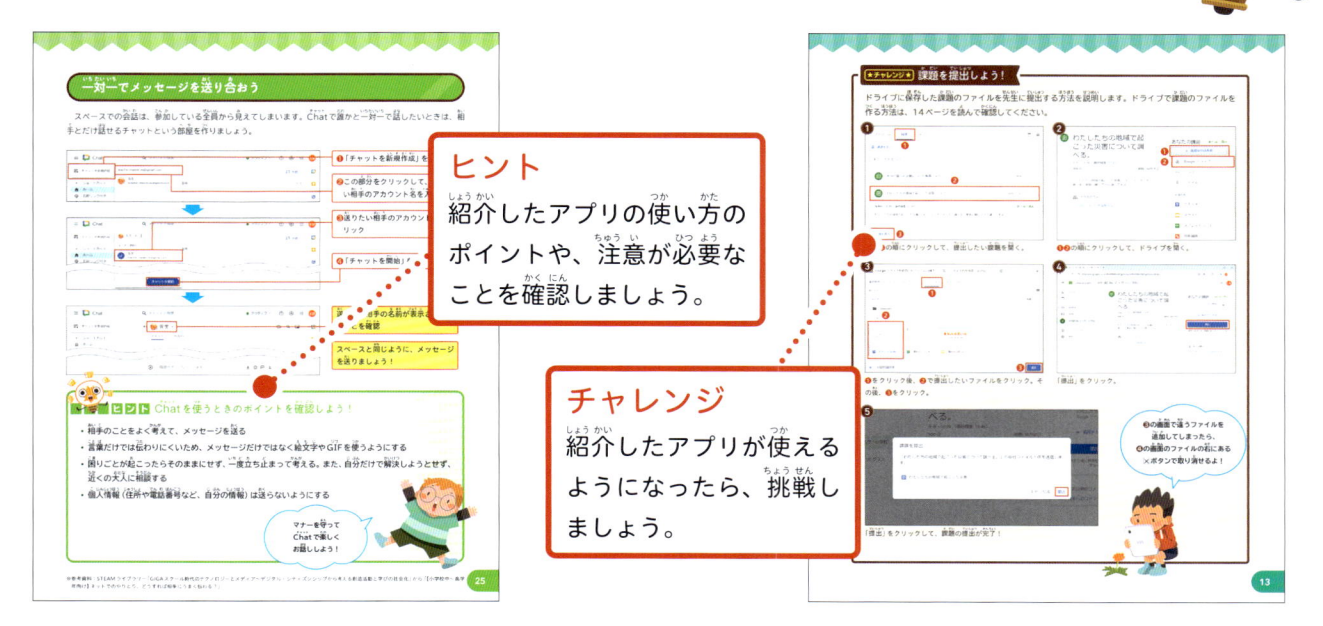

アプリで何ができるの？

Google Workspace for Education（以下、Google Workspace）は、Google という会社が、学校生活をもっと便利にするために作ったツール（道具）です。Google Workspace で何ができるか、確認してみましょう！

Google Workspace のアプリ

Google Workspace には、目的に合わせてさまざまな**アプリケーション（アプリ）**がそろっています。アプリを使うことで、学校生活の中でできることがさらに広がります。どんなアプリがあるか見てみましょう！

● Google Workspace のアプリは目的で使い分けよう！

先生からのお知らせを確認しよう

文書や表などを作成しよう

ファイルを管理しよう

他の人と連絡を取り合おう

予定を管理しよう

Google Workspaceのアプリで何ができるか知ろう

Google Workspaceには目的によって色々なアプリがあることがわかりました。ここでは、それぞれのアプリで何ができるか見てみましょう！ 特に、前のページの図で同じグループになっていたアプリには、どんな違いがあるか注意して見てみましょう。

● 基本的な Google Workspace のアプリ

アイコン	アプリの名前	アプリでできること
	Google Classroom（以下、Classroom）	クラスや授業に関して、先生からのお知らせや資料を見たり、課題を提出したりできる
	Google Meet	違う場所にいる人とビデオ通話ができる
	Google Chat（以下、Chat）	他の人とメッセージで連絡を取り合える
	Google フォーム	アンケートを行える
	Google ドキュメント	文書を作成できる
	Google スプレッドシート	表やグラフを作成できる
	Google スライド（以下、スライド）	発表のときに使う、短い文章や写真・図を入れた資料を作成できる
	Google カレンダー	予定を管理できる
	Google ドライブ（以下、ドライブ）	作成したファイルを保管したり、共有したりできる

アプリを使うときは、**インターネット**が必要なんだって。

アプリを使っていて、いきなり画面に「**インターネットに接続されていません**」と表示されたら、**30ページ**を見てみよう！

端末を使うときの約束を知ろう

アプリを使う前に、健康で安全に**端末**を使うときの約束を確認しましょう！ 端末とは、みなさんが使っているノートパソコンやChromebook、タブレットなどのことです。端末の使い方によっては、目や体などに悪い影響が出ることがあります。

どんな約束があるか知ろう

端末を使うための約束は、端末を大切に使うためのものだけではなく、みなさんの健康や安全を守るためのものでもあります。これから先も長く、安心して端末を使えるように確認しましょう！

● 目を守るための約束

端末を使う部屋を、適度な明るさにしよう！

部屋が暗い場合は、部屋の照明を点けましょう。また、明るすぎる場合は、カーテンを閉めて、明るさを調節しましょう。ただし、学校で部屋の明るさを調節するときは、周りにいる先生や友だちに必ず声をかけてください。

画面に照明が映っていないか、確認しよう！

画面に照明が映っていると画面が見えづらくなり、目が悪くなる原因になります。照明が映らないように、画面の角度を調節しましょう。

画面が見やすい明るさになっているか、確認しよう！

画面が暗く、見えづらい状態で使うと、目が悪くなる原因になります。暗いと感じたら画面が明るくなるように、端末で設定しましょう。

長時間画面を見ないようにしよう！

長時間端末を使うときは、30分に1回は画面を見るのをやめて、目を休めましょう。また、目を休ませるときは、20秒以上遠くを見ると、しっかり休ませることができます。

Google Chromeブラウザで、使っている端末の画面の明るさを調節する方法を調べてみよう！

● 姿勢よく使うための約束

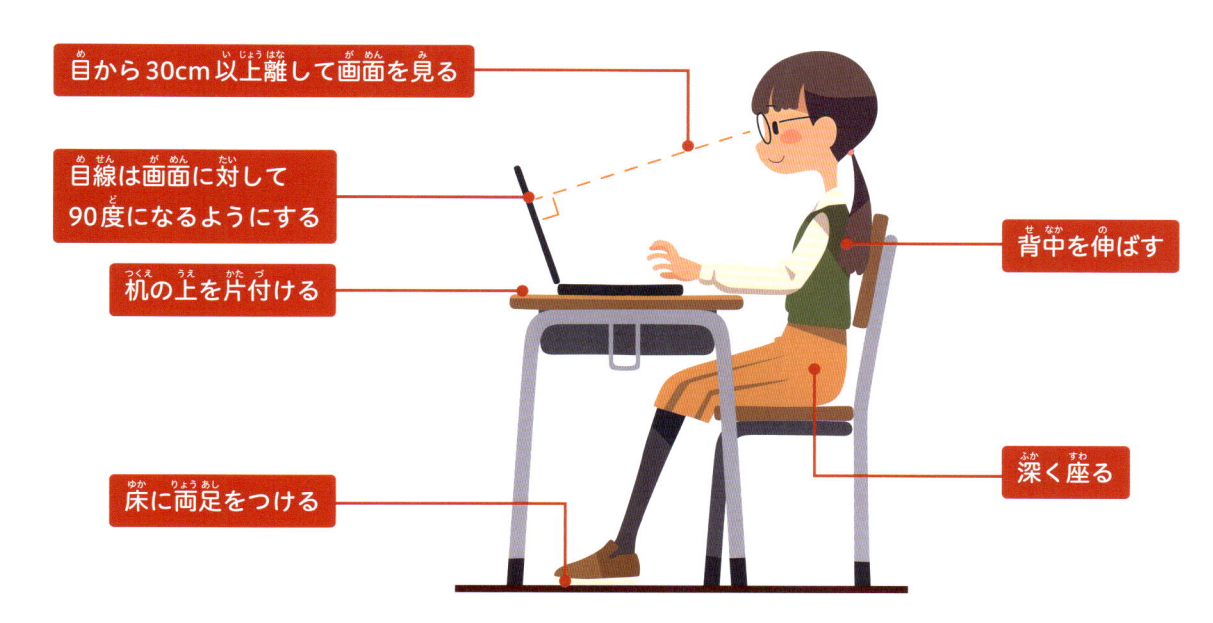

- 目から30cm以上離して画面を見る
- 目線は画面に対して90度になるようにする
- 机の上を片付ける
- 床に両足をつける
- 背中を伸ばす
- 深く座る

● 端末を長く使うための約束

落とさないようにしよう！

机に置いて使うときは、机の中心に端末を置きましょう。また、持って使うときは、両手でしっかりと端末を持ちましょう。持ちながら画面を操作したいときは、近くにいる人に操作をお願いしてください。

水にぬらさないようにしよう！

水は端末の故障につながります。端末を置く机の上や、手が乾いているか確認してから使いましょう。端末をきれいにしたいときは、乾いた布でふきましょう。

きれいな手で使おう！

水と同じく、汚れも故障につながります。
手がきれいであることを確認してから使いましょう。

学校で使う端末は
借りているものだから、
大切に使おうね。

磁石を近づけないでね！

端末に磁石を近づけると、故障につながります。近くに置いたり、近づけたりしないようにしましょう。

● その他の約束

端末にヘッドホンやイヤホンをつなげて音を聞くときは、音を大きくしすぎないようにしよう！
寝る1時間前からは、端末を使わないようにしよう！
学校や家で決められたルールを守って使おう！

※参考資料：文部科学省「児童生徒の健康に留意してICTを活用するためのガイドブック」、「－1人1台端末の時代となりました－ご家庭で気をつけていただきたいこと（保護者用）」

端末の操作を覚えよう

学校向けの端末の画面は、指で触って操作できる**タッチパネル**になっています。また、ノートパソコンやChromebookはキーボードの下に付いている**トラックパッド**でも操作できます。ここではそれぞれの操作方法を覚えましょう。

タッチパネルを使った操作を覚えよう

タッチパネルは、指やタッチペンを使って操作します。水滴などに反応することがあるため、ぬれた指で操作したり、指やタッチペン以外のものがタッチパネルに触れたりしないように注意して操作しましょう！

● タップ

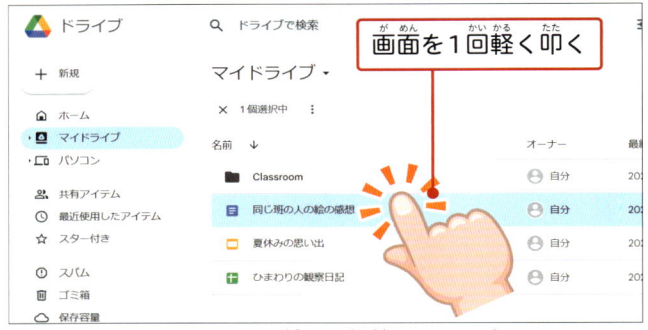

画面を1回軽く叩く

タップは、タッチパネルを軽く1回叩くことを指す。アプリを開いたり、何かを選択したりするときに行う。

● ダブルタップ

画面を2回軽く叩く

ダブルタップは、タッチパネルを軽く2回叩くことを指す。ファイルを開くときなどに行う。

● ドラッグ

タッチ　離す

ドラッグは、画面に触れたまま目的の場所まで動かして指を離すことを指す。何かを移動するときなどに行う。

● ピンチアウト・ピンチイン

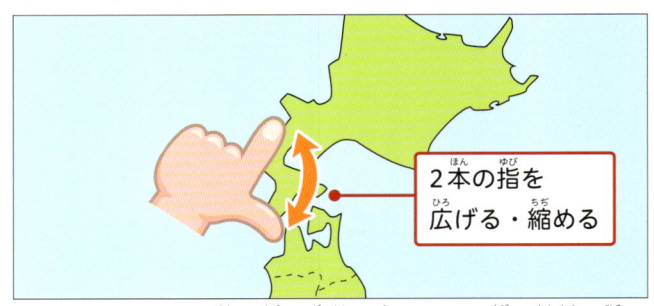

2本の指を広げる・縮める

ピンチアウトは、2本の指で画面に触れたまま指の間隔を広げることを指す。また、**ピンチイン**は、反対に縮めることを指す。表示の大きさを変えるときに行う。

トラックパッドを使った操作を覚えよう

トラックパッドを使うと、画面の中に表示されている**ポインター**を動かすことができます。タッチパネルでは画面を指で直接触って操作しますが、トラックパッドではトラックパッドに触れてポインタを動かすことで、操作を行います。

● トラックパッドを詳しく見てみよう！

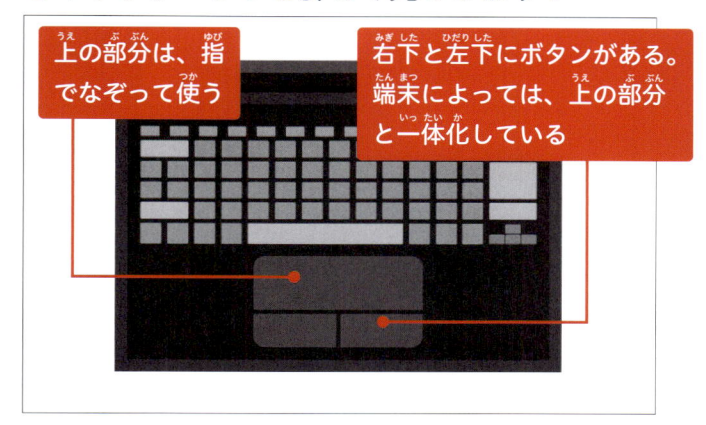

上の部分は、指でなぞって使う

右下と左下にボタンがある。端末によっては、上の部分と一体化している

● クリック

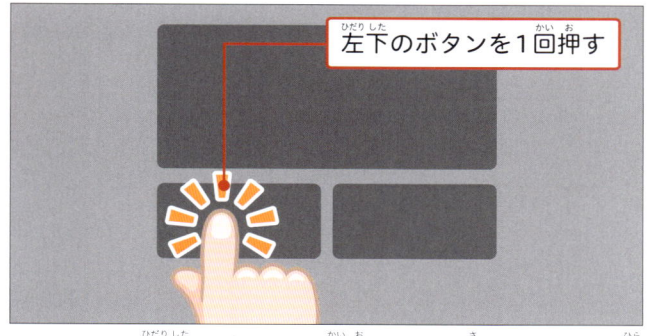

左下のボタンを1回押す

クリックは、左下のボタンを1回押すことを指す。アプリを開いたり、何かを選択したりするときに行う。

● ダブルクリック

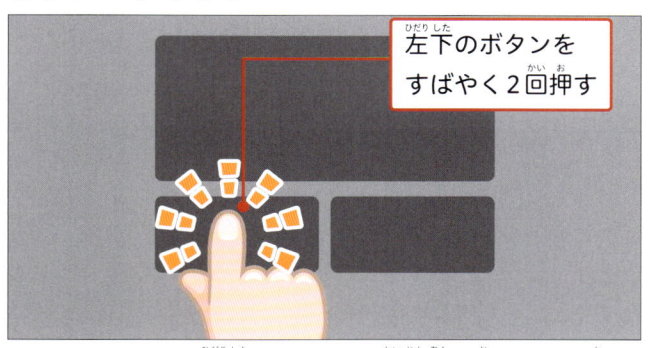

左下のボタンをすばやく2回押す

ダブルクリックは、左下のボタンを2回連続で押すことを指す。ファイルを開くときなどに行う。

● ドラッグ

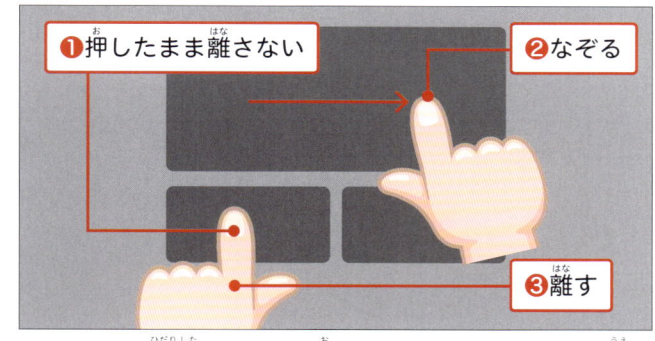

❶押したまま離さない

❷なぞる

❸離す

ドラッグは、左下のボタンを押しながらトラックパッドの上の部分を指でなぞり、ポインタが目的の場所まで移動したらボタンを離すことを指す。何かを動かしたり、範囲を選択したりするときに使う。

この本では、基本的にトラックパッドを使った操作方法で説明するよ。

Classroom に入ろう

Classroomは、みなさんが先生と資料や課題をやりとりするためのアプリです。Google Workspaceのアプリを使うときは、**アカウント名**と秘密の**パスワード**を使います。アカウント名とパスワードの使い方を覚えて、Classroomに入ってみましょう！

〈アカウント名の例〉

tanaka.taro.2115@gmail.com

↑

アプリを使うときの名前

〈パスワードの例〉

jrq/xr

↑

アプリを使うための鍵

> アカウント名とパスワードを使って Google Workspace に入ることを「ログイン」というよ！

ログインしてClassroomに入ろう

▶ ノートパソコンやタブレットなどを使っているとき ・・・・・・・・・・・・・・・ ❶ から始めましょう

▶ Chromebook を使っているとき ・・・・・・・・・・・・・・・ ❽ から始めましょう

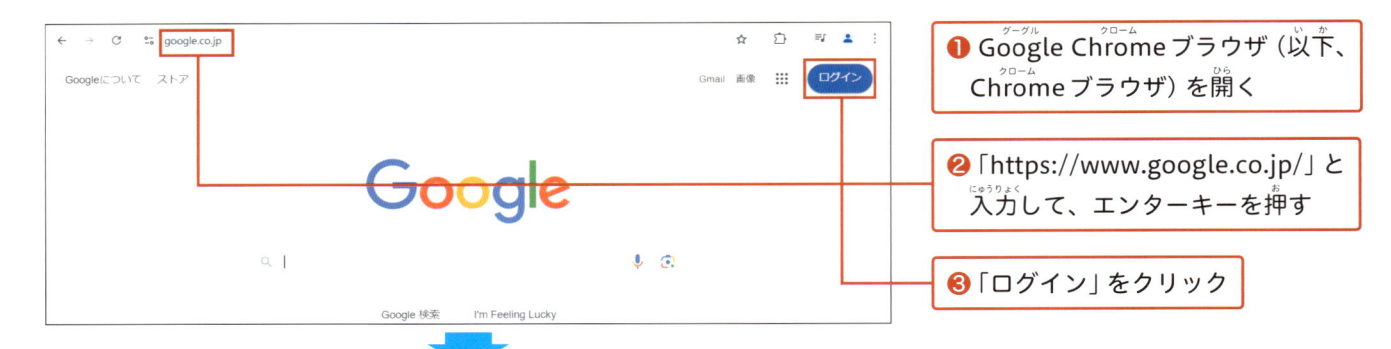

❶ Google Chrome ブラウザ（以下、Chrome ブラウザ）を開く

❷ 「https://www.google.co.jp/」と入力して、エンターキーを押す

❸ 「ログイン」をクリック

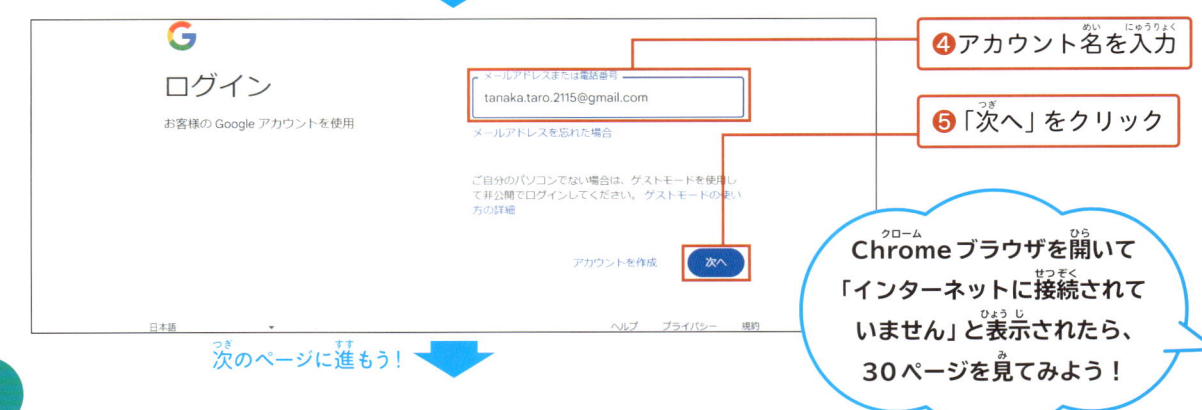

❹ アカウント名を入力

❺ 「次へ」をクリック

> Chrome ブラウザを開いて「インターネットに接続されていません」と表示されたら、30ページを見てみよう！

次のページに進もう！

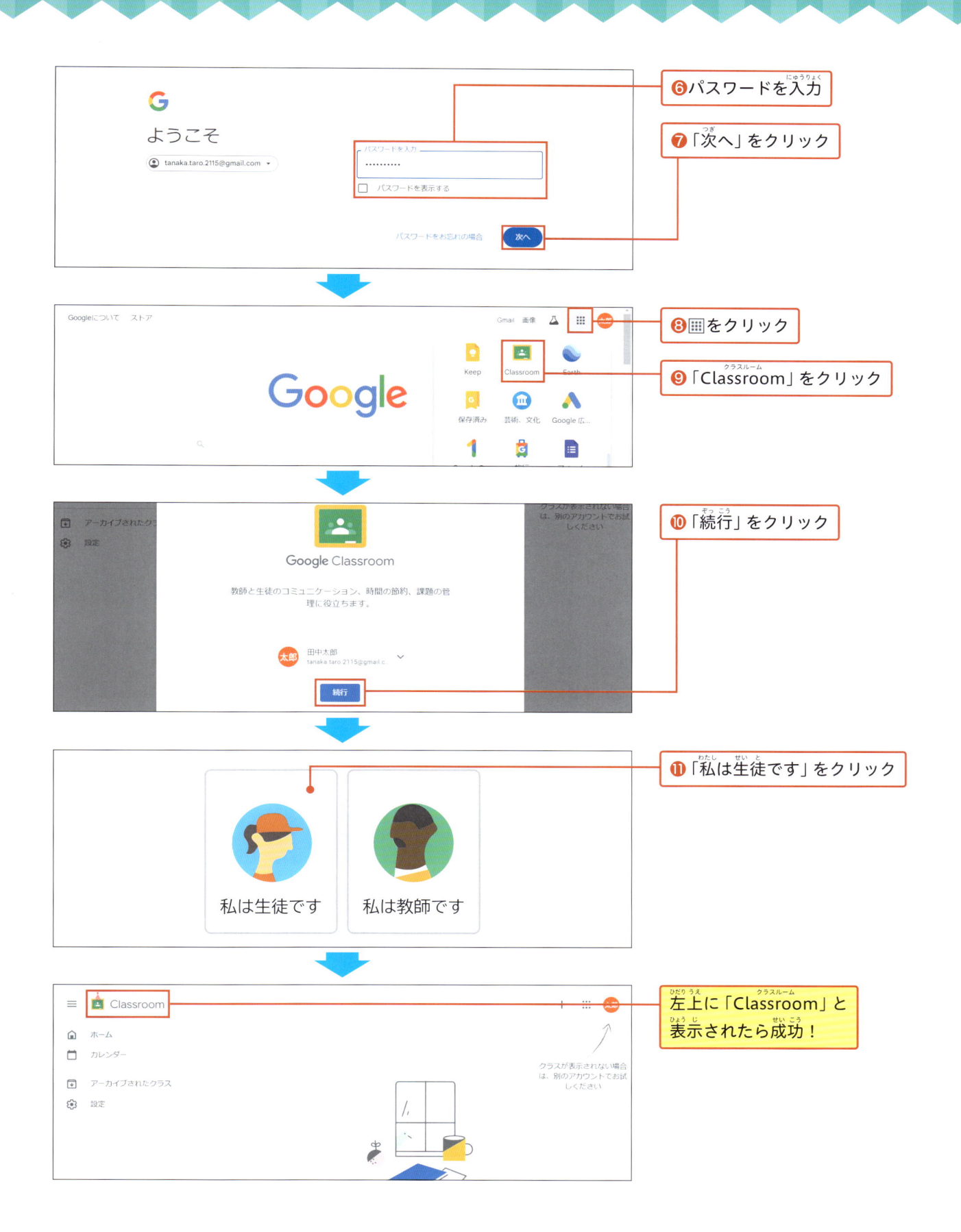

⑥パスワードを入力

⑦「次へ」をクリック

⑧⊞をクリック

⑨「Classroom」をクリック

⑩「続行」をクリック

⑪「私は生徒です」をクリック

左上に「Classroom」と表示されたら成功！

クラスに参加しよう

Classroom（クラスルーム）が表示（ひょうじ）できたら、**クラス**に参加（さんか）しましょう。クラスとは、みなさんと資料（しりょう）などのやり取（と）りをするために、先生（せんせい）が作（つく）るグループです。クラスに参加（さんか）するには、先生（せんせい）が持（も）っている**クラスコード**という鍵（かぎ）を教（おし）えてもらう必要（ひつよう）があります。クラスコードを教（おし）えてもらったらクラスに参加（さんか）して、どんなことができるのか確認（かくにん）してみましょう！

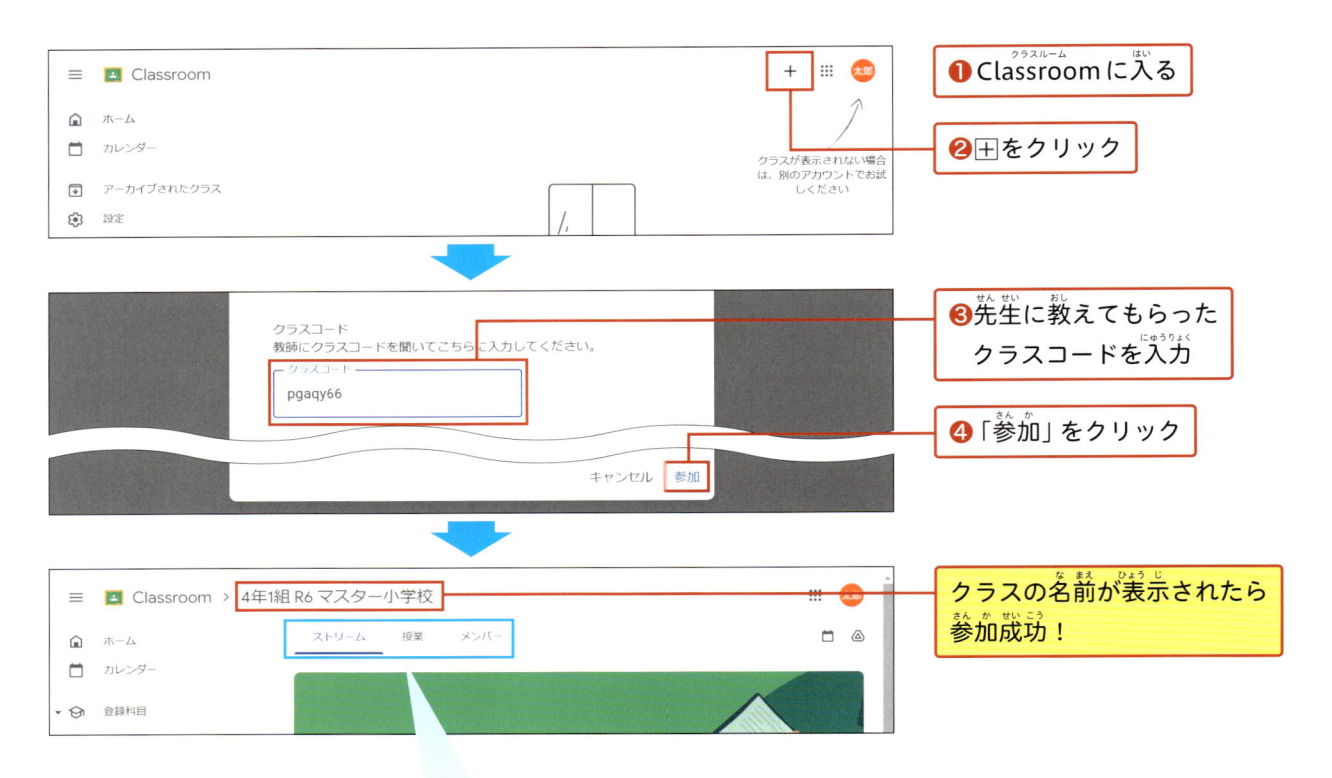

❶ Classroom（クラスルーム）に入（はい）る

❷ ⊞ をクリック

❸ 先生（せんせい）に教（おし）えてもらったクラスコードを入力（にゅうりょく）

❹「参加（さんか）」をクリック

クラスの名前（なまえ）が表示（ひょうじ）されたら参加（さんか）成功（せいこう）！

● お知（し）らせを確認（かくにん）したいとき

「ストリーム」をクリックすると、お知（し）らせ・課題（かだい）・テスト・質問（しつもん）・資料（しりょう）が出（だ）された順（じゅん）に確認（かくにん）できる。

● 資料（しりょう）や課題（かだい）、質問（しつもん）を確認（かくにん）したいとき

「授業（じゅぎょう）」をクリックすると、課題（かだい）・テスト・質問（しつもん）・資料（しりょう）が確認（かくにん）できる。課題（かだい）・テスト・質問（しつもん）のアイコンは、提出（ていしゅつ）や回答（かいとう）が終（お）わると、色（いろ）が緑（みどり）からグレーに変（か）わる。

ドライブに保存した課題のファイルを先生に提出する方法を説明します。ドライブで課題のファイルを作る方法は、14ページを読んで確認してください。

❶❷❸の順にクリックして、提出したい課題を開く。

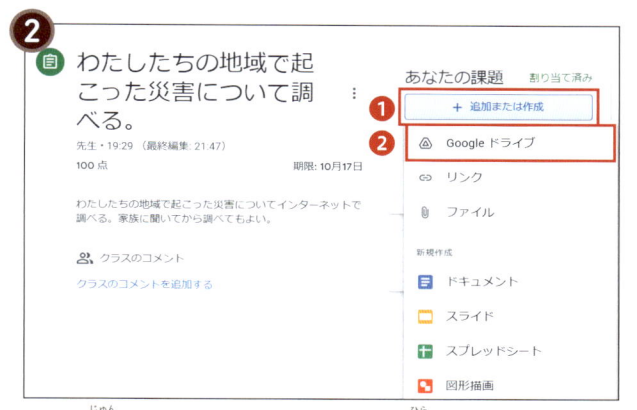

❶❷の順にクリックして、ドライブを開く。

❶をクリック後、❷で提出したいファイルをクリック。その後、❸をクリック。

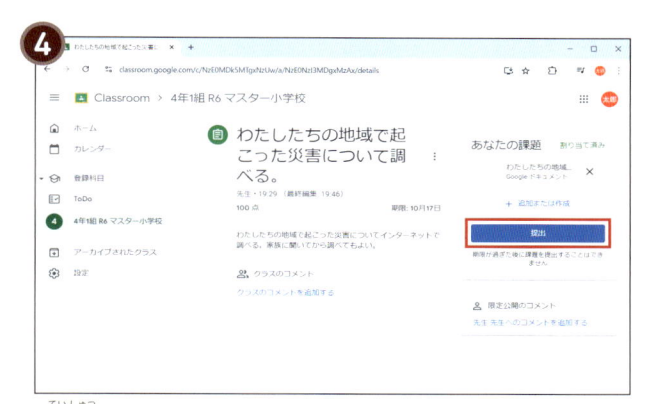

「提出」をクリック。

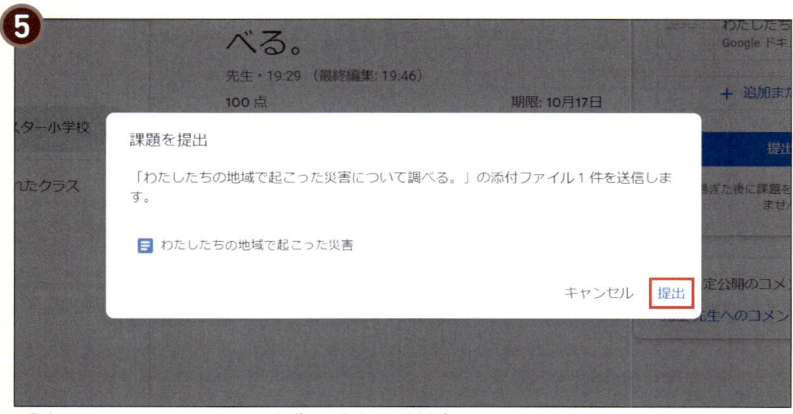

「提出」をクリックして、課題の提出が完了！

❸の画面で違うファイルを追加してしまったら、❹の画面のファイルの右にある⊠ボタンで取り消せるよ！

ファイルの使い方を知ろう

スライドなどのアプリで作ったものを**ファイル**と呼び、ファイルは**ドライブ**というアプリで管理します。ファイルはドライブから作ることが多いため、まずはドライブの使い方を知っておきましょう！

ファイルを作ってみよう

さっそく**ファイル**を作ってみましょう。ファイルを作るときのポイントは、**名前を付けること**です。内容がわかるような名前を付けましょう。

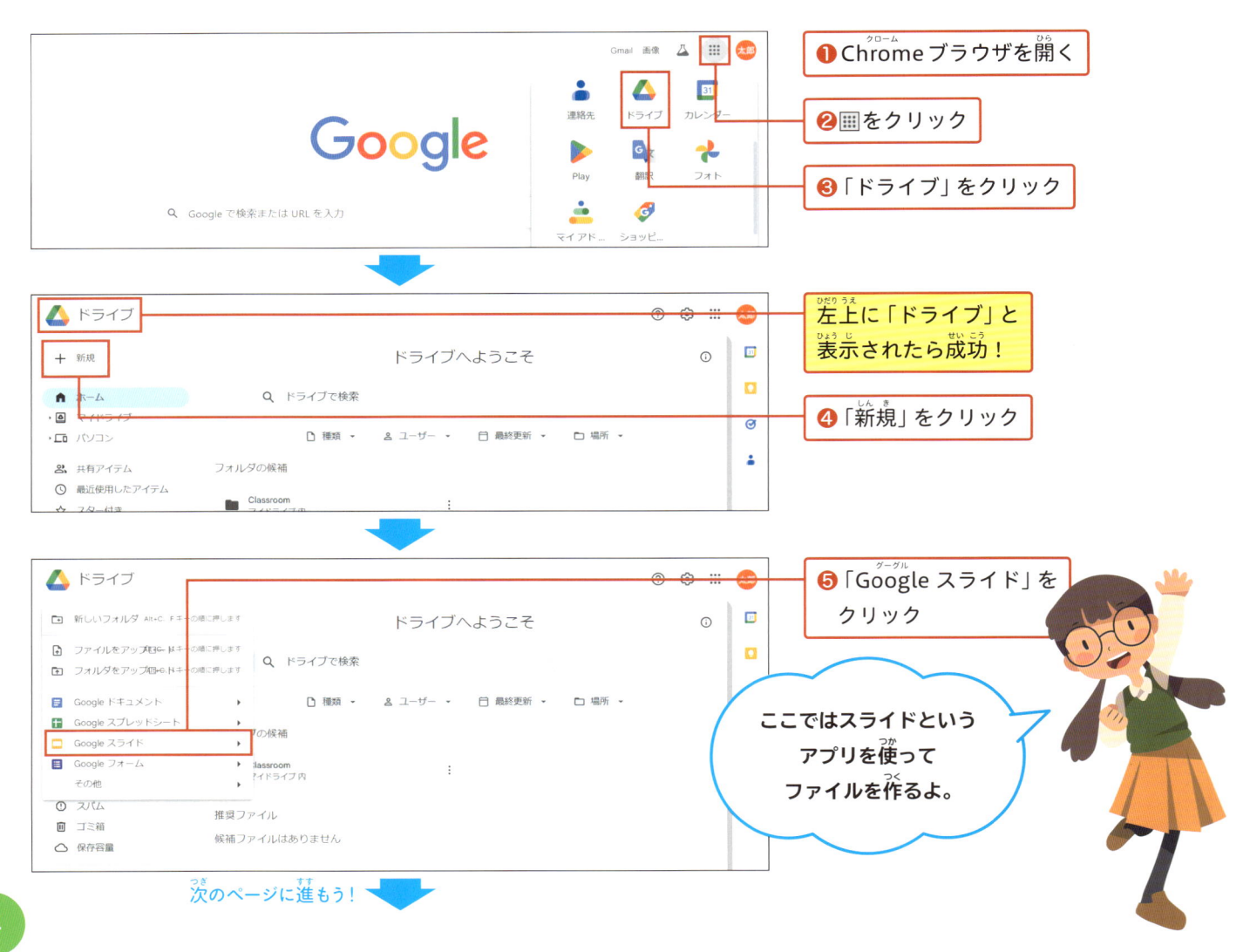

❶ Chrome ブラウザを開く

❷ ⊞ をクリック

❸ 「ドライブ」をクリック

左上に「ドライブ」と表示されたら成功！

❹ 「新規」をクリック

❺ 「Google スライド」をクリック

ここではスライドというアプリを使ってファイルを作るよ。

次のページに進もう！

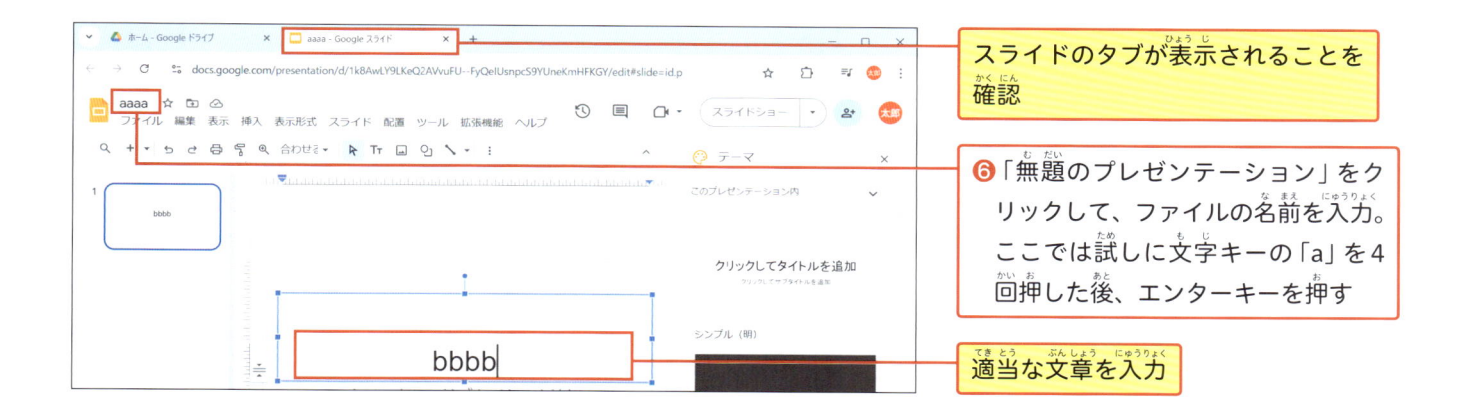

スライドのタブが表示されることを確認

❻「無題のプレゼンテーション」をクリックして、ファイルの名前を入力。ここでは試しに文字キーの「a」を4回押した後、エンターキーを押す

適当な文章を入力

ファイルを見てみよう

　ファイルを作ったら、ドライブから見てみましょう！　一度ドライブに保存されたら、画面を閉じたり端末の電源を切ったりしても、ファイルを見ることができます。

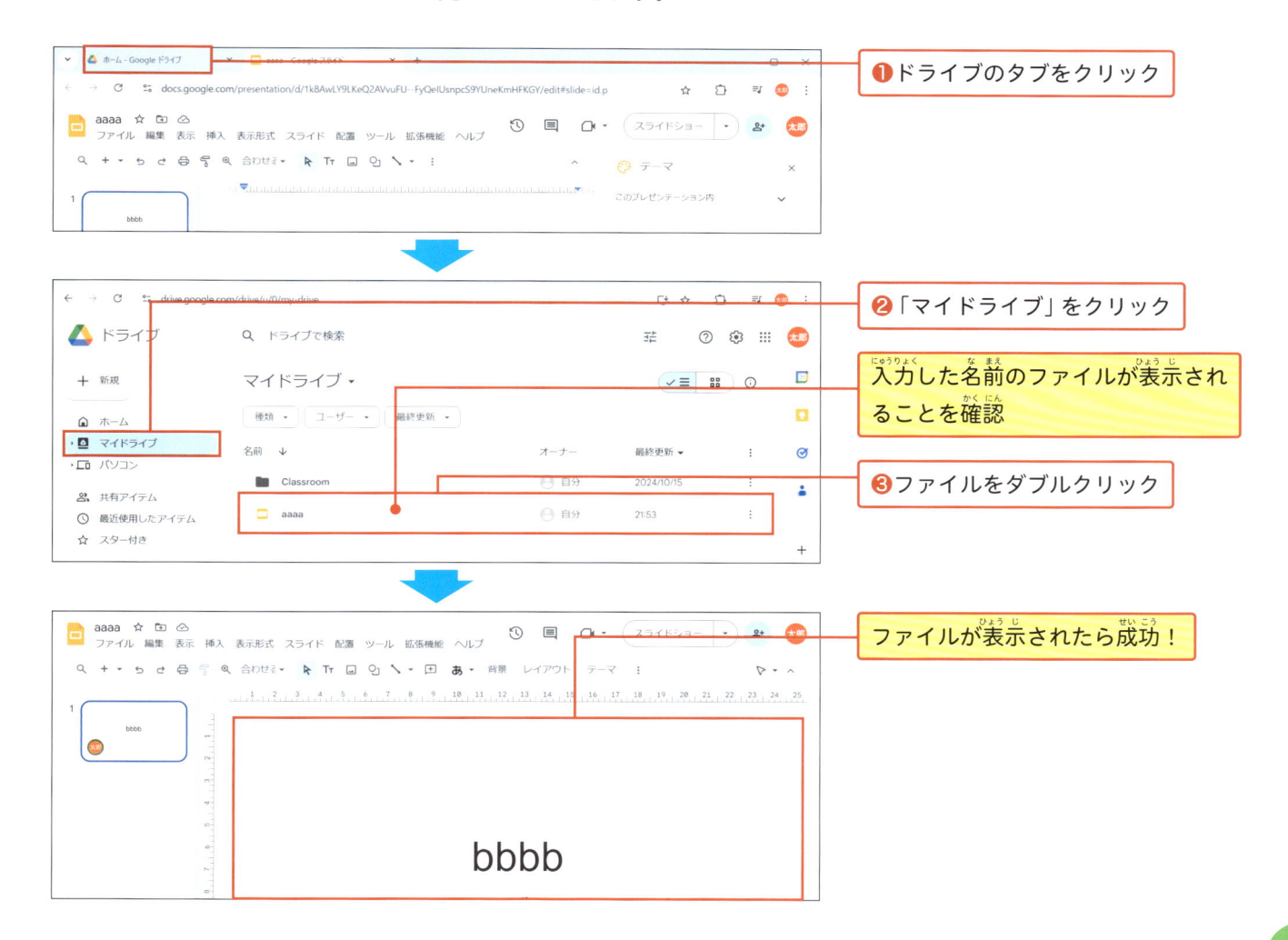

❶ドライブのタブをクリック

❷「マイドライブ」をクリック

入力した名前のファイルが表示されることを確認

❸ファイルをダブルクリック

ファイルが表示されたら成功！

文字を入力してみよう

端末で文字を入力するには、キーボードを使う**タイピング**という方法と、マイクを使う**音声入力**という方法があります。どちらの方法でも入力できるように、手順を確認してみましょう！

ローマ字入力に使うキーを知ろう

キーボードには、**キー**というボタンがたくさんあります。ここでは、キーに書かれたアルファベットを組み合わせて日本語を入力する**ローマ字入力**と呼ばれる方法で使う、基本的なキーを確認してみましょう！

● どこにどんなキーがあるか見てみよう！

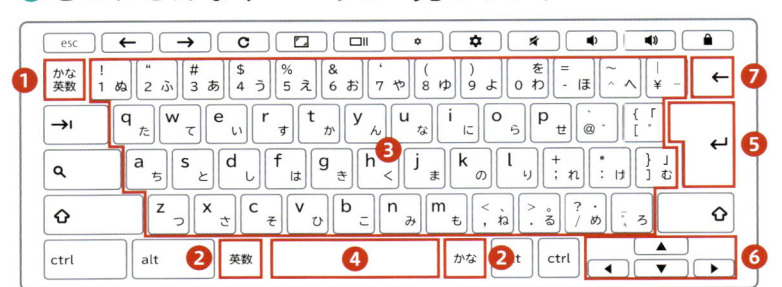

端末によって、キーの位置や、書いてある名前が違うよ！

かな 英数 / 半角/全角	❶ かな⇔英数キー（半角／全角キー）
	ノートパソコンやChromebookを使っているとき、英語入力モードと日本語入力モードの切り替えに使います。

英数 / かな	❷ かなキー／英数キー
	Chromebookを使っているとき、英語入力モードと日本語入力モードの切り替えに使います。

q た	❸ 文字キー 文字の入力に使います。

（スペース）	❹ スペースキー 空白の入力や、ひらがなから漢字などへの変換に使います。

↵	❺ エンターキー 変換の確定や、改行に使います。

▲ ◀ ▼ ▶	❻ 方向キー カーソルの移動に使います。

←	❼ バックスペースキー カーソルの左にある文字の削除に使います。

ローマ字入力でタイピングしてみよう

前のページで覚えたキーを使って、タイピングしてみましょう！　ここではスライドに「名人」と入力します。

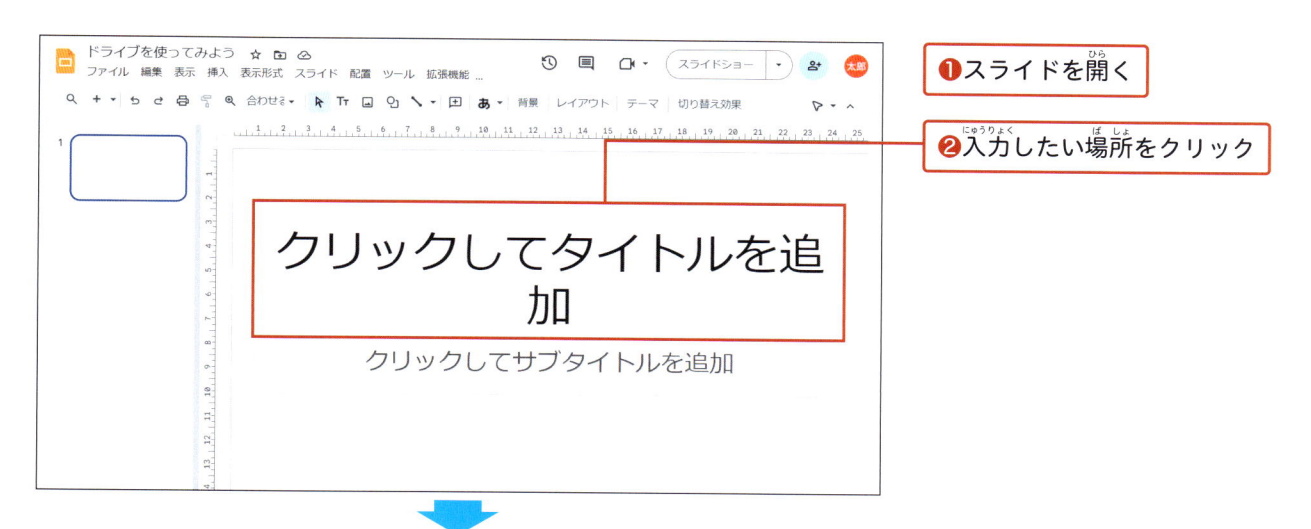

❶ スライドを開く

❷ 入力したい場所をクリック

▶ ノートパソコンを使っているとき

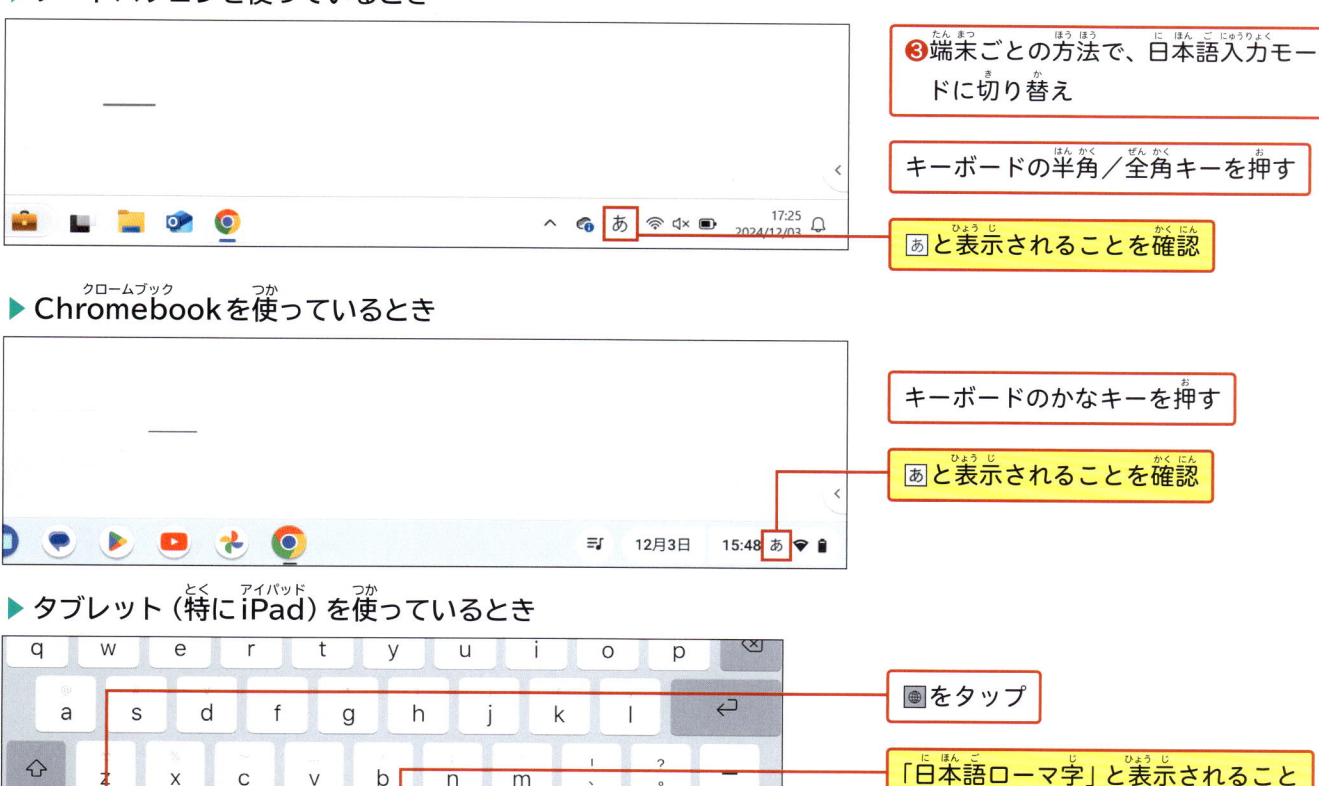

❸ 端末ごとの方法で、日本語入力モードに切り替え

キーボードの半角／全角キーを押す

あ と表示されることを確認

▶ Chromebookを使っているとき

キーボードのかなキーを押す

あ と表示されることを確認

▶ タブレット（特にiPad）を使っているとき

⊕ をタップ

「日本語ローマ字」と表示されることを確認

次のページに進もう！

17

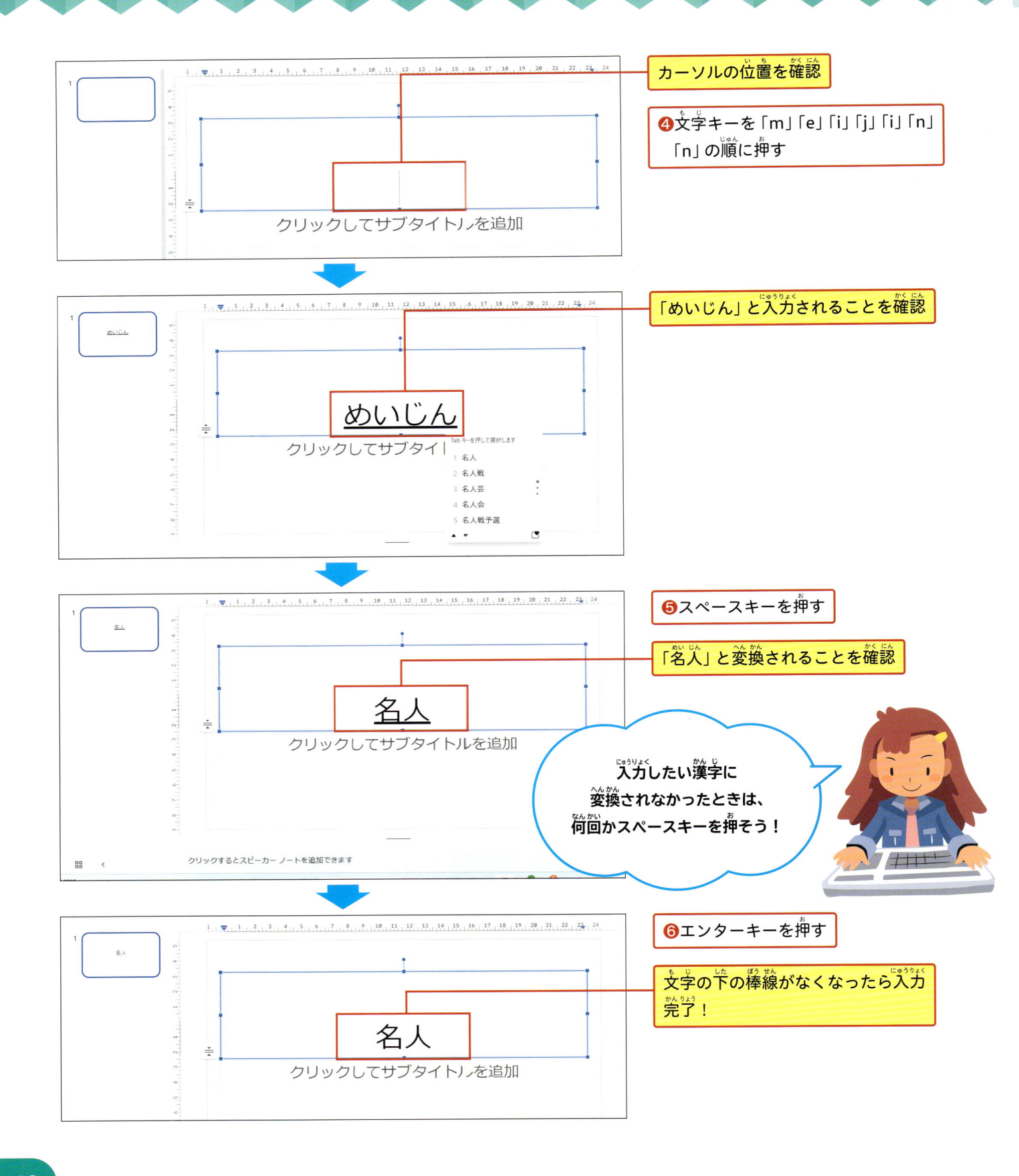

カーソルの位置を確認

❹ 文字キーを「m」「e」「i」「j」「i」「n」「n」の順に押す

「めいじん」と入力されることを確認

❺ スペースキーを押す

「名人」と変換されることを確認

入力したい漢字に変換されなかったときは、何回かスペースキーを押そう！

❻ エンターキーを押す

文字の下の棒線がなくなったら入力完了！

●間違ってタイピングしたら、方向キーとバックスペースキーを使って文字を消そう！

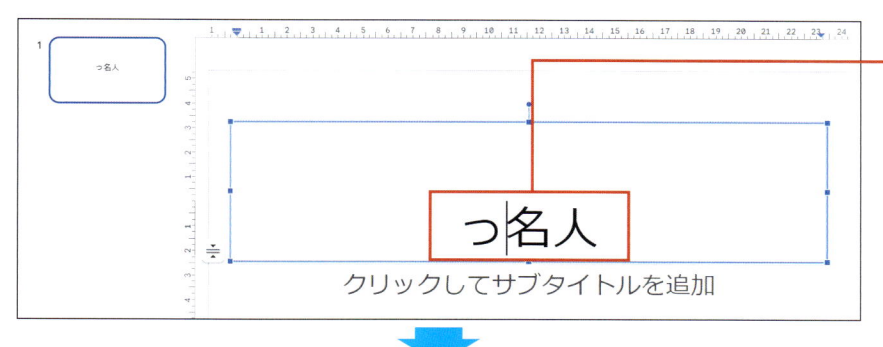

❶方向キーを押して、カーソルを消したい文字の右に移動

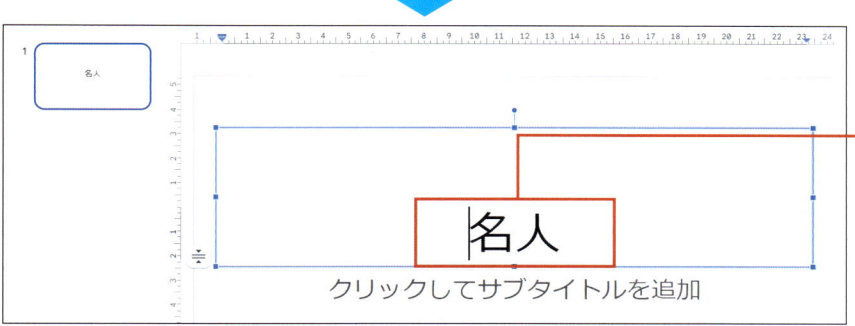

❷バックスペースキーを押す

消したい文字が消えたら成功！

★チャレンジ★ タイピングの練習をしよう！

どのキーをどの指で押したほうがいいかを覚えたり、タイピングを速くできるように練習したりするための無料サイトを紹介します。

①や②で指の使い方をマスターしたら、③に挑戦しよう

①まずは指の使い方を覚えたいみなさんは……「Typing Land」

URL https://typingland.higopage.com/jp.html

キーを押す指を1本ずつチェックしたり、何回も練習したりして覚えることができます。

②楽しく練習したいみなさんは……「ポケモンPCトレーニング」

URL https://startkit.pokemon-foundation.or.jp/startkit/

学校向けの教材として作られた、指の使い方やタイピングの練習ができるサイト。練習をクリアすると、なんとポケモンバッジがもらえます！
※利用には、先生による利用規約への同意が必要です。

③指の使い方は完ぺき！　もっとタイピングの練習をしたいみなさんは……「寿司打」

URL https://sushida.net/

タイピングのレベルをチェックできます。画面に表示された文字をタイピングして、回転寿司のお寿司をゲットしましょう！

音声入力をしてみよう

タイピングができなくても、音声入力を使えば話すだけで文字を入力できます。ここではスライドに「名人になろう」と入力します。みなさんが使っている端末での音声入力の方法を確認しましょう！　ただし、音声入力は**うまく入力されないことがある**ので、そのときは何度かチャレンジしてみましょう。

▶ ノートパソコンを使っているとき

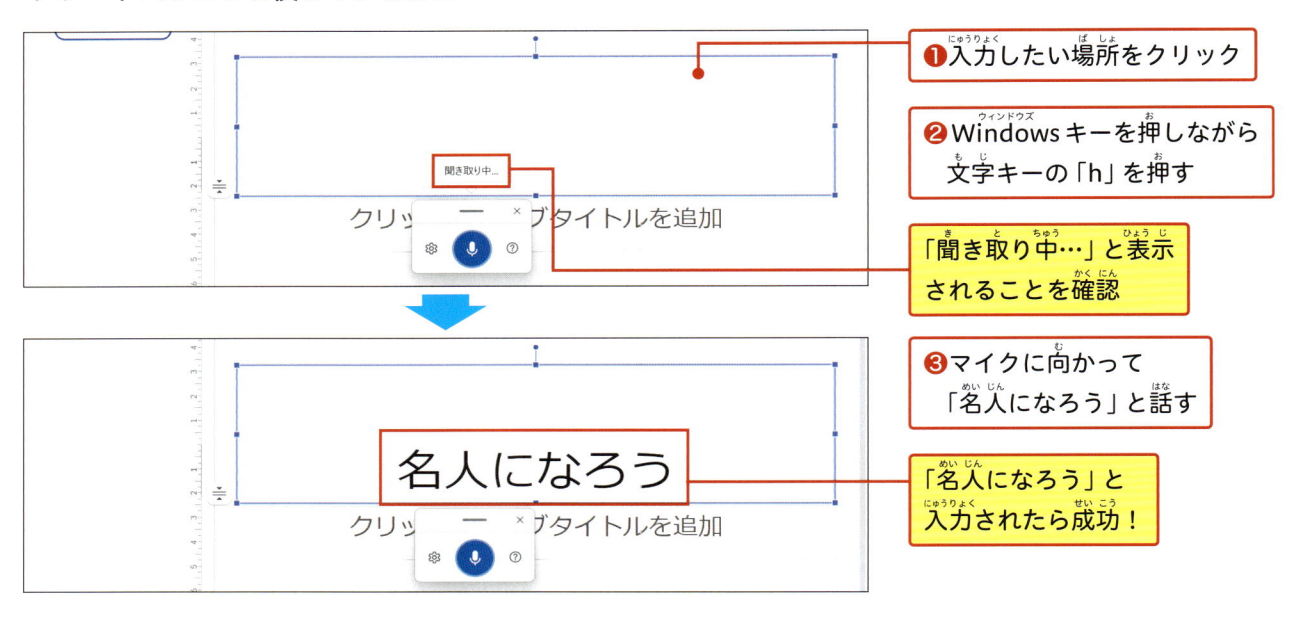

❶ 入力したい場所をクリック

❷ Windows キーを押しながら文字キーの「h」を押す

「聞き取り中…」と表示されることを確認

❸ マイクに向かって「名人になろう」と話す

「名人になろう」と入力されたら成功！

▶ Chromebookを使っているとき

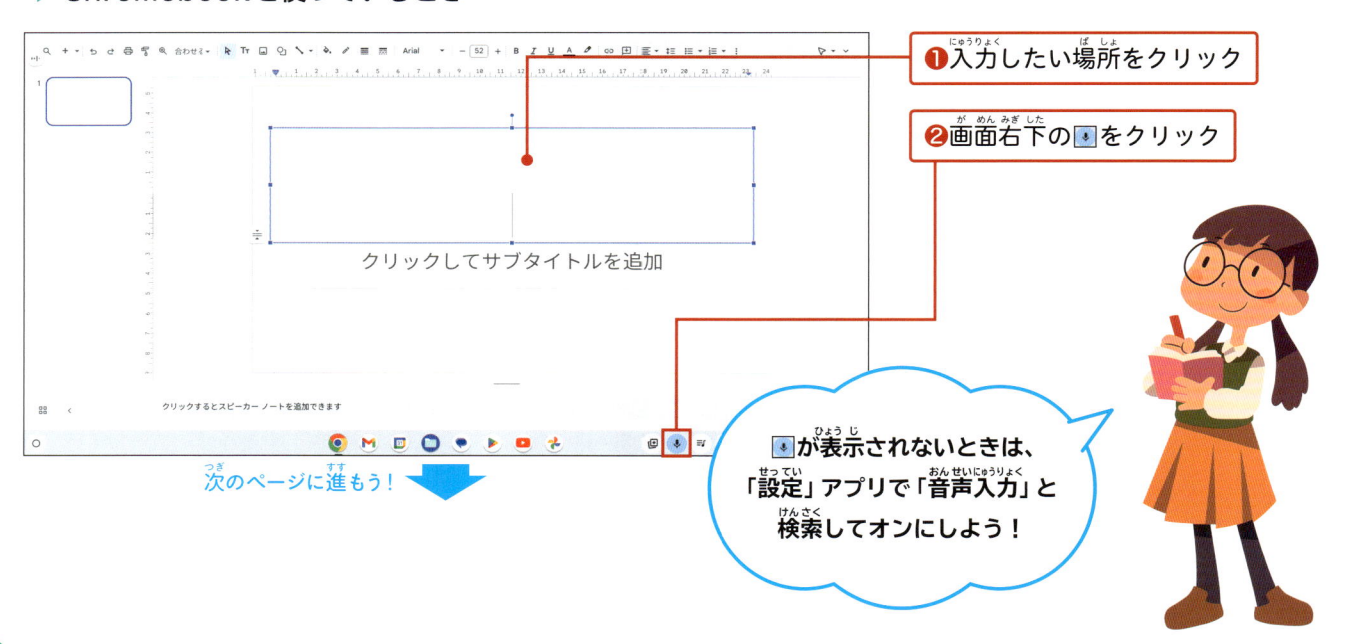

❶ 入力したい場所をクリック

❷ 画面右下の🎤をクリック

次のページに進もう！

🎤 が表示されないときは、「設定」アプリで「音声入力」と検索してオンにしよう！

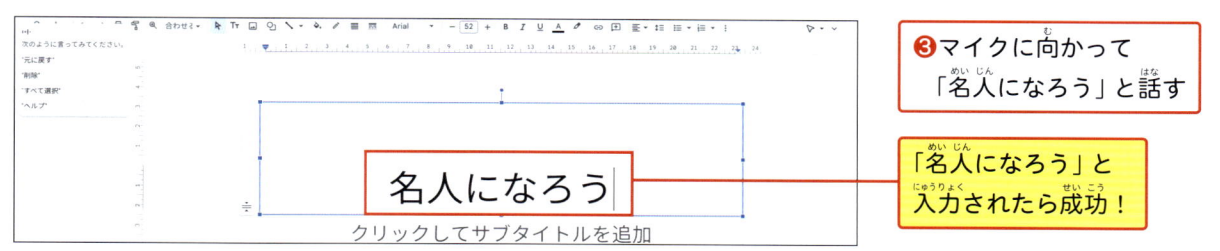

❸マイクに向かって
「名人になろう」と話す

「名人になろう」と
入力されたら成功！

▶ タブレット（特にiPad）を使っているとき

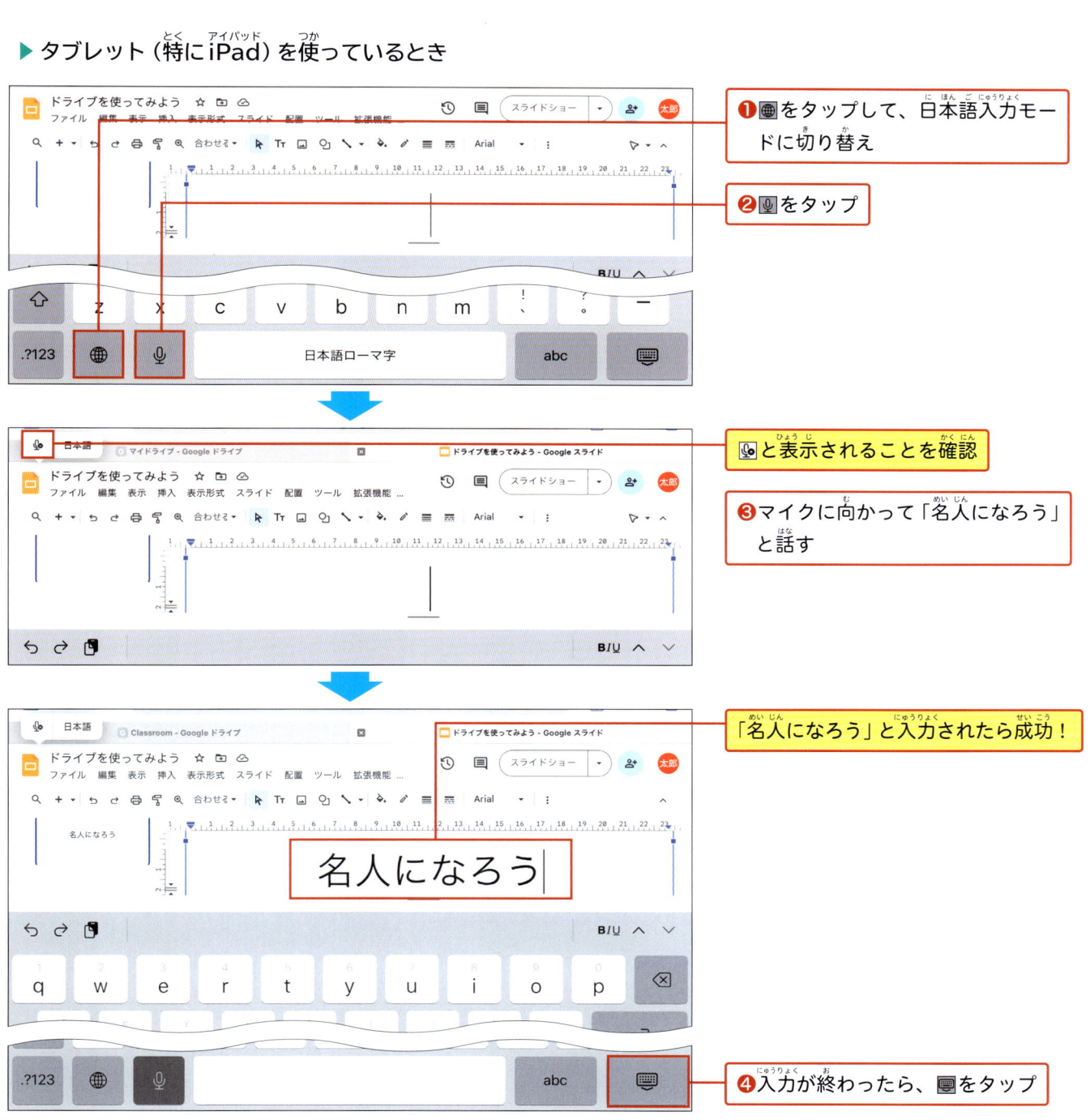

❶ ⊕ をタップして、日本語入力モードに切り替え

❷ 🎤 をタップ

🎤 と表示されることを確認

❸マイクに向かって「名人になろう」と話す

「名人になろう」と入力されたら成功！

❹入力が終わったら、⌨ をタップ

Chatを使ってみよう

Chatは、メッセージを送って、先生や友だちとお話しするためのアプリです。メッセージだけではなく、絵文字やGIFを使って、楽しくやりとりもできます。Chatの使い方を覚えて、お話ししてみましょう！

先生が招待したスペースに参加しよう

クラスや授業でChatを使う場合は、先生が作成したスペースに参加しましょう。スペースは、中にいる人だけでお話しできる部屋です。ここでは、スペースに参加する方法を確認しましょう！

❶ Chromeブラウザを開く

❷ ⊞ をクリック

❸「チャット」をクリック

左上に「Chat」と表示されたら成功！

❹「チャットを新規作成」をクリック

❺「スペースをブラウジング」をクリック

次のページに進もう！

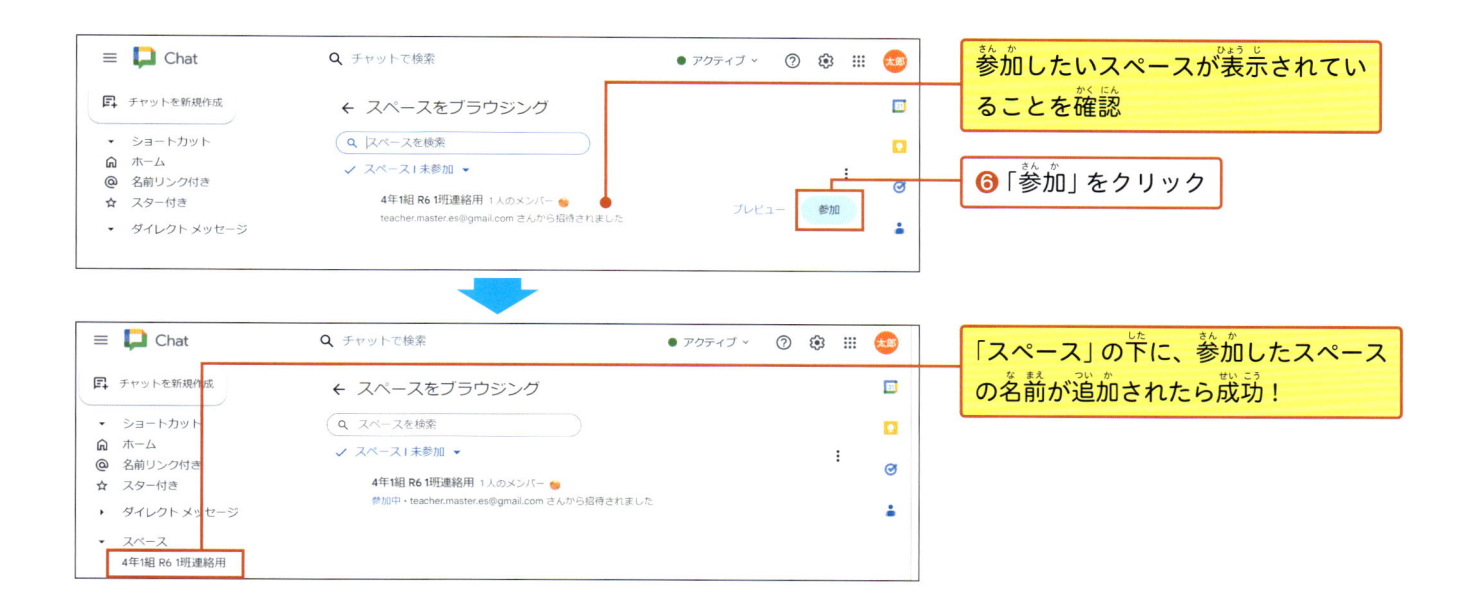

参加したいスペースが表示されていることを確認

❻「参加」をクリック

「スペース」の下に、参加したスペースの名前が追加されたら成功！

メッセージを確認したり、送ったりしよう

　参加したスペースのメッセージを確認してみましょう！　確認したら、どんなメッセージが送れるのか、その送り方も覚えて、自分からも送れるようになりましょう！

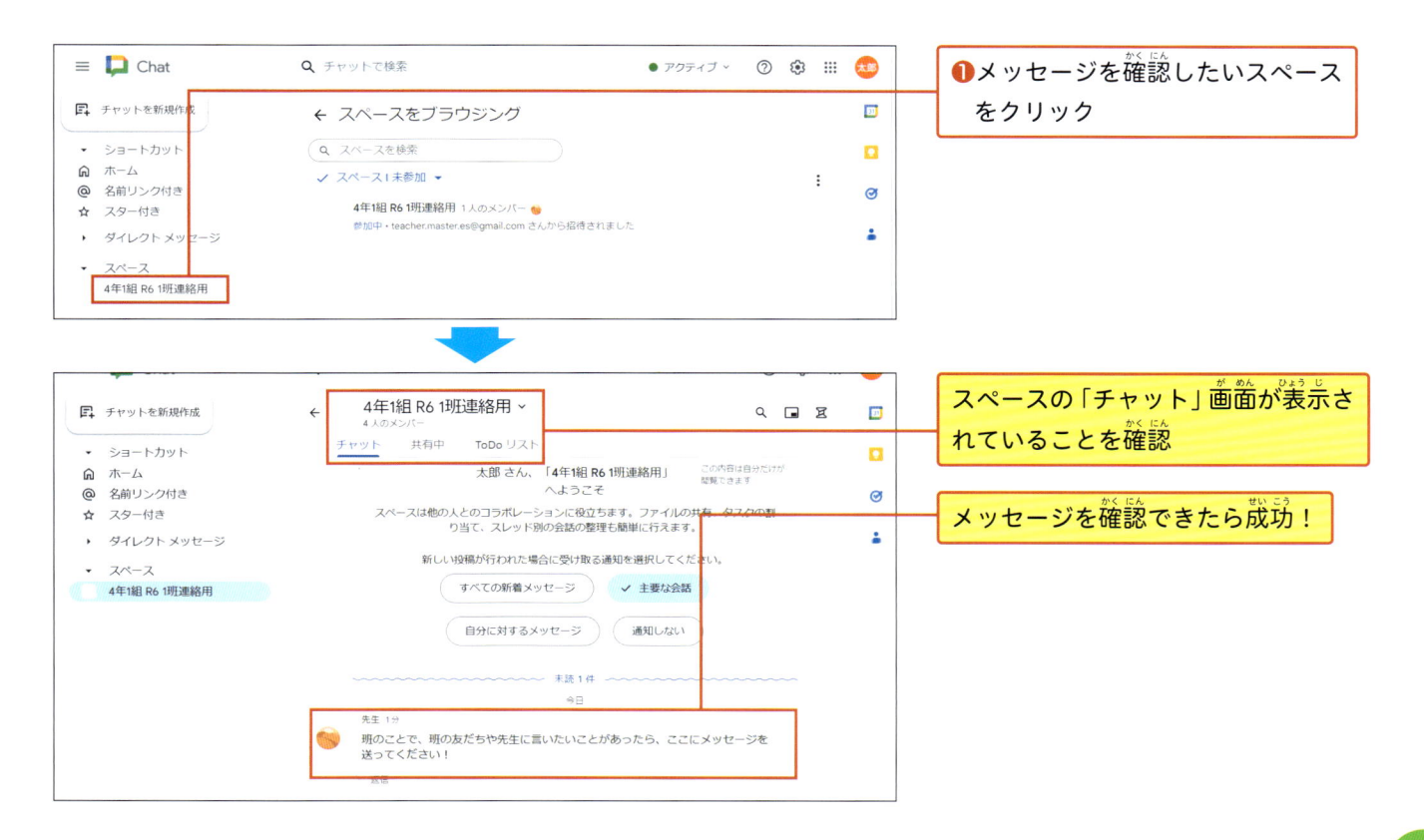

❶メッセージを確認したいスペースをクリック

スペースの「チャット」画面が表示されていることを確認

メッセージを確認できたら成功！

● メッセージを送ろう！

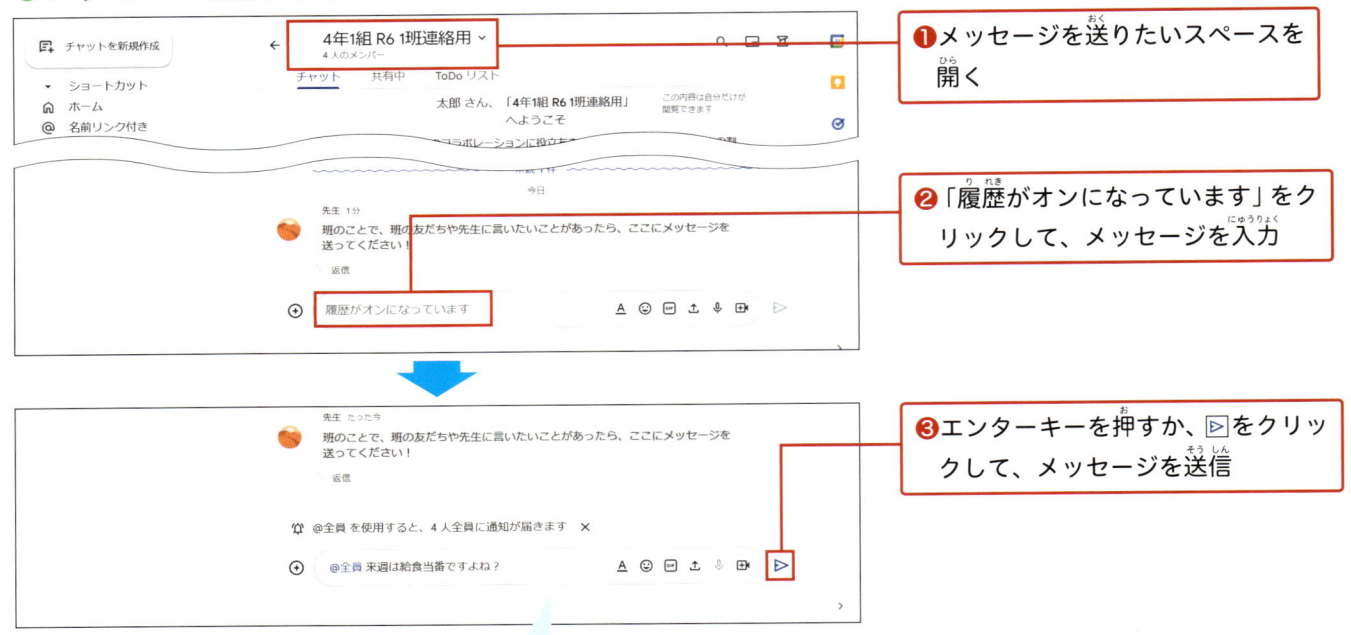

❶メッセージを送りたいスペースを開く

❷「履歴がオンになっています」をクリックして、メッセージを入力

❸エンターキーを押すか、▷をクリックして、メッセージを送信

メッセージの他に、何が送れるか見てみよう！

● イラストで気持ちを伝える「絵文字」

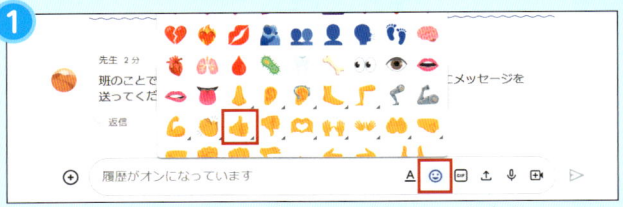

😊をクリックして一覧を表示させ、送りたい絵文字をクリック。

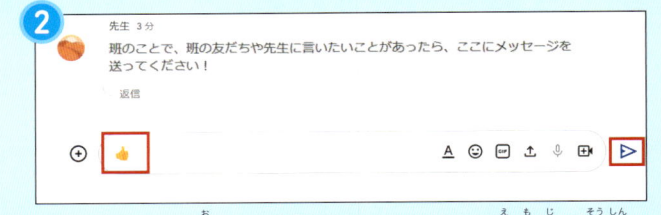

エンターキーを押すか、▷をクリックして、絵文字を送信。

● アニメーションで気持ちを伝える「GIF」

🔲をクリックして一覧を表示させ、送りたいGIFをクリック。エンターキーを押すか、▷をクリックすると、GIFが送信される。

一対一でメッセージを送り合おう

スペースでの会話は、参加している全員から見えてしまいます。Chat で誰かと一対一で話したいときは、相手とだけ話せるチャットという部屋を作りましょう。

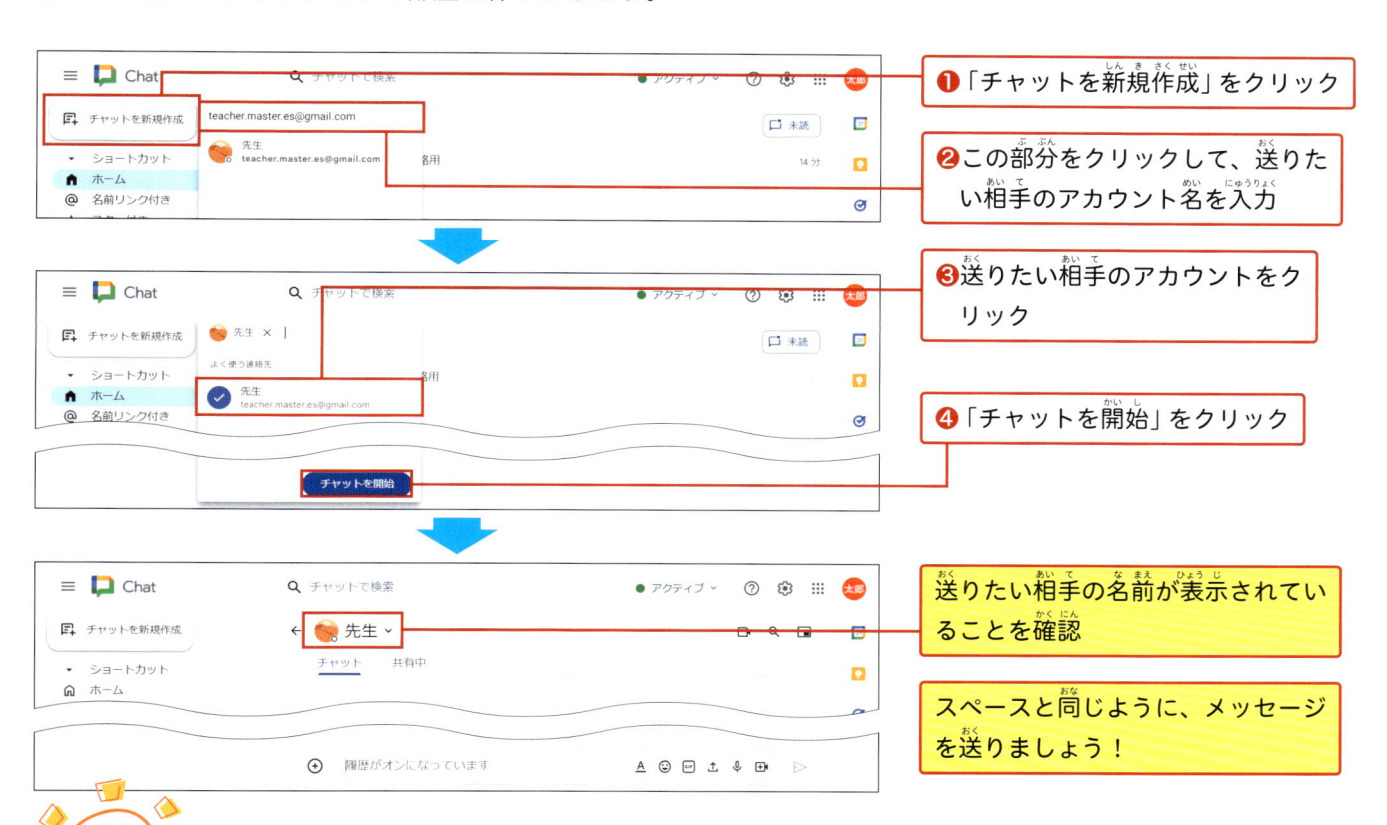

❶「チャットを新規作成」をクリック

❷この部分をクリックして、送りたい相手のアカウント名を入力

❸送りたい相手のアカウントをクリック

❹「チャットを開始」をクリック

送りたい相手の名前が表示されていることを確認

スペースと同じように、メッセージを送りましょう！

ヒント Chat を使うときのポイントを確認しよう！

- 相手のことをよく考えて、メッセージを送る
- 言葉だけでは伝わりにくいため、メッセージだけではなく絵文字やGIFを使うようにする
- 困りごとが起こったらそのままにせず、一度立ち止まって考える。また、自分だけで解決しようとせず、近くの大人に相談する
- 個人情報（住所や電話番号など、自分の情報）は送らないようにする

マナーを守って
Chat で楽しく
お話ししよう！

※参考資料：STEAM ライブラリー「GIGA スクール時代のテクノロジーとメディア〜デジタル・シティズンシップから考える創造活動と学びの社会化」から【小学校中〜高学年向け】ネットでのやりとり、どうすれば相手にうまく伝わる？」

Chatでファイルを送ろう

ファイルの**共有**という機能を使うと、自分が持っているファイルを、先生や友だちの端末でも見られるようにすることができます。ここでは、Chatでファイルを送るときに共有の設定を行う方法と、ドライブから共有の設定を行う方法を確認しましょう！

Chatでファイルを送ろう

ドライブにあるファイルをスペースに送って、スペースに参加しているメンバーに見てもらいましょう。ファイルを送ると、共有に必要な**アクセス権**を設定する画面が表示されます。アクセス権の種類を確認して、設定できるようになりましょう！

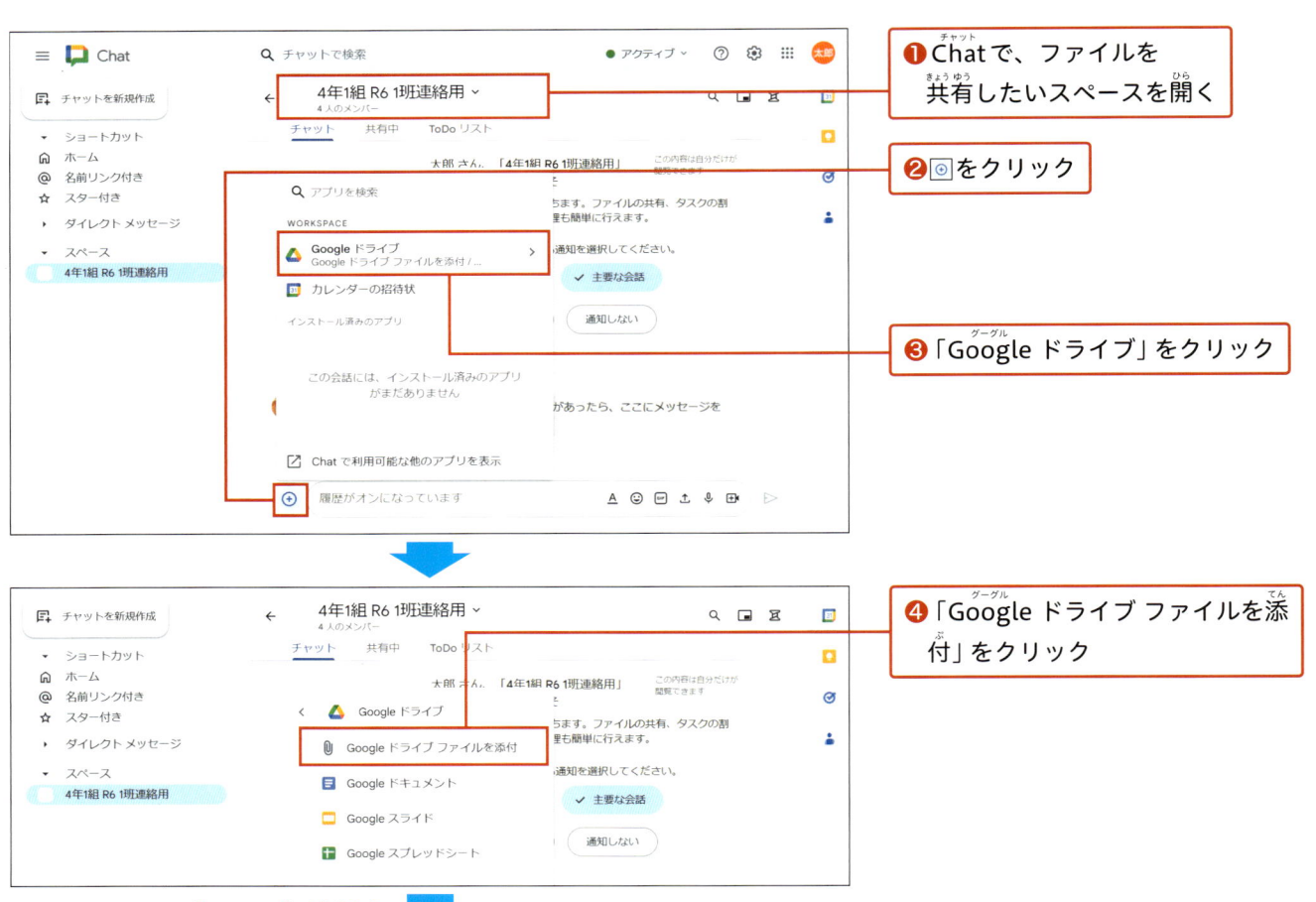

❶ Chatで、ファイルを共有したいスペースを開く

❷ ⊙ をクリック

❸ 「Google ドライブ」をクリック

❹ 「Google ドライブ ファイルを添付」をクリック

次のページに進もう！

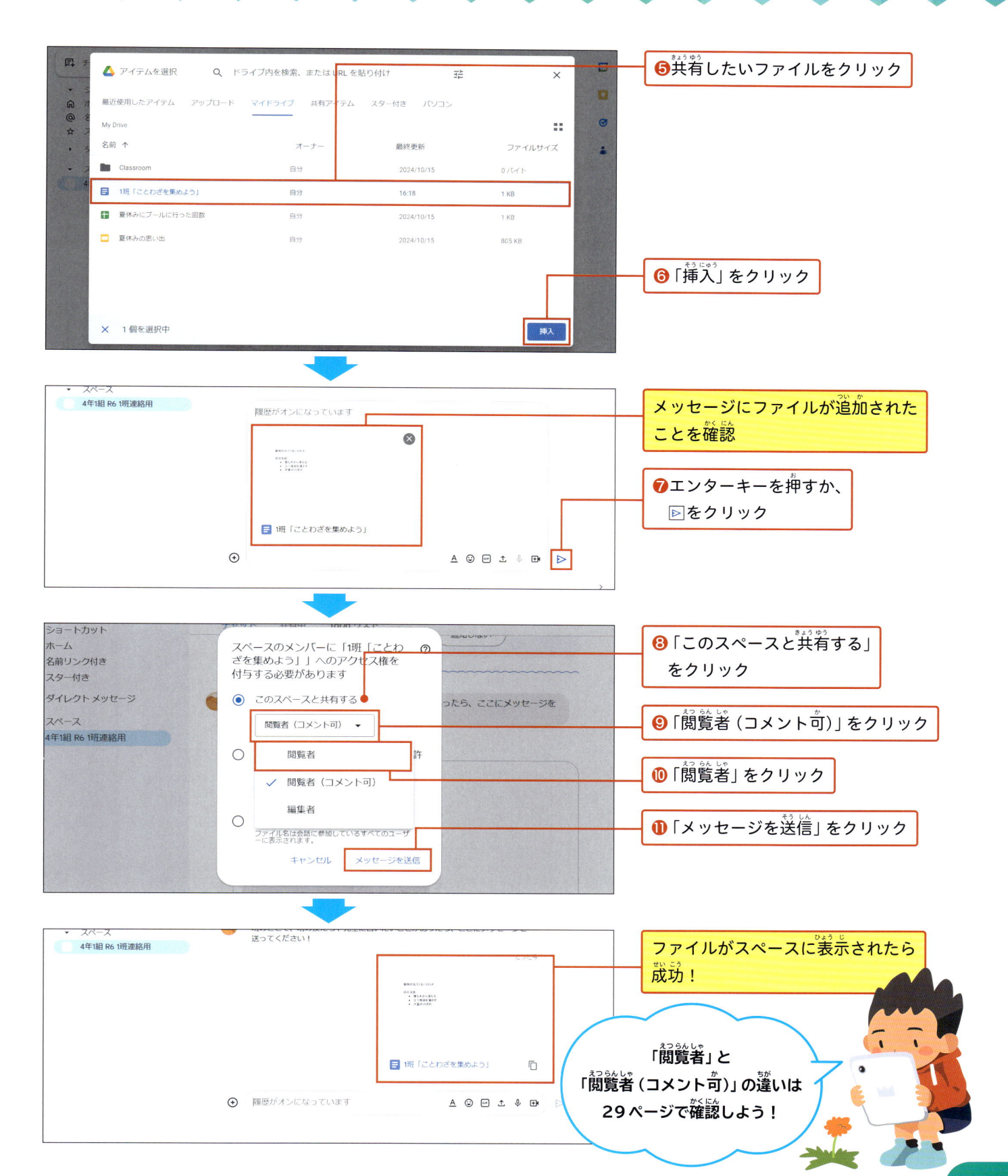

⑤共有したいファイルをクリック

⑥「挿入」をクリック

メッセージにファイルが追加された
ことを確認

⑦エンターキーを押すか、
▷をクリック

⑧「このスペースと共有する」
をクリック

⑨「閲覧者（コメント可）」をクリック

⑩「閲覧者」をクリック

⑪「メッセージを送信」をクリック

ファイルがスペースに表示されたら
成功！

「閲覧者」と
「閲覧者（コメント可）」の違いは
29ページで確認しよう！

ドライブでアクセス権を設定しよう

　ドライブでアクセス権を設定する方法を確認しましょう！　Chatで複数のファイルを送る前に、ドライブでアクセス権を設定しておくと、27ページの手順❽〜⓫を行わずにファイルを送ることができます。また、この方法を知っておけば、ファイルを送った後に、アクセス権の種類を変えることもできます。

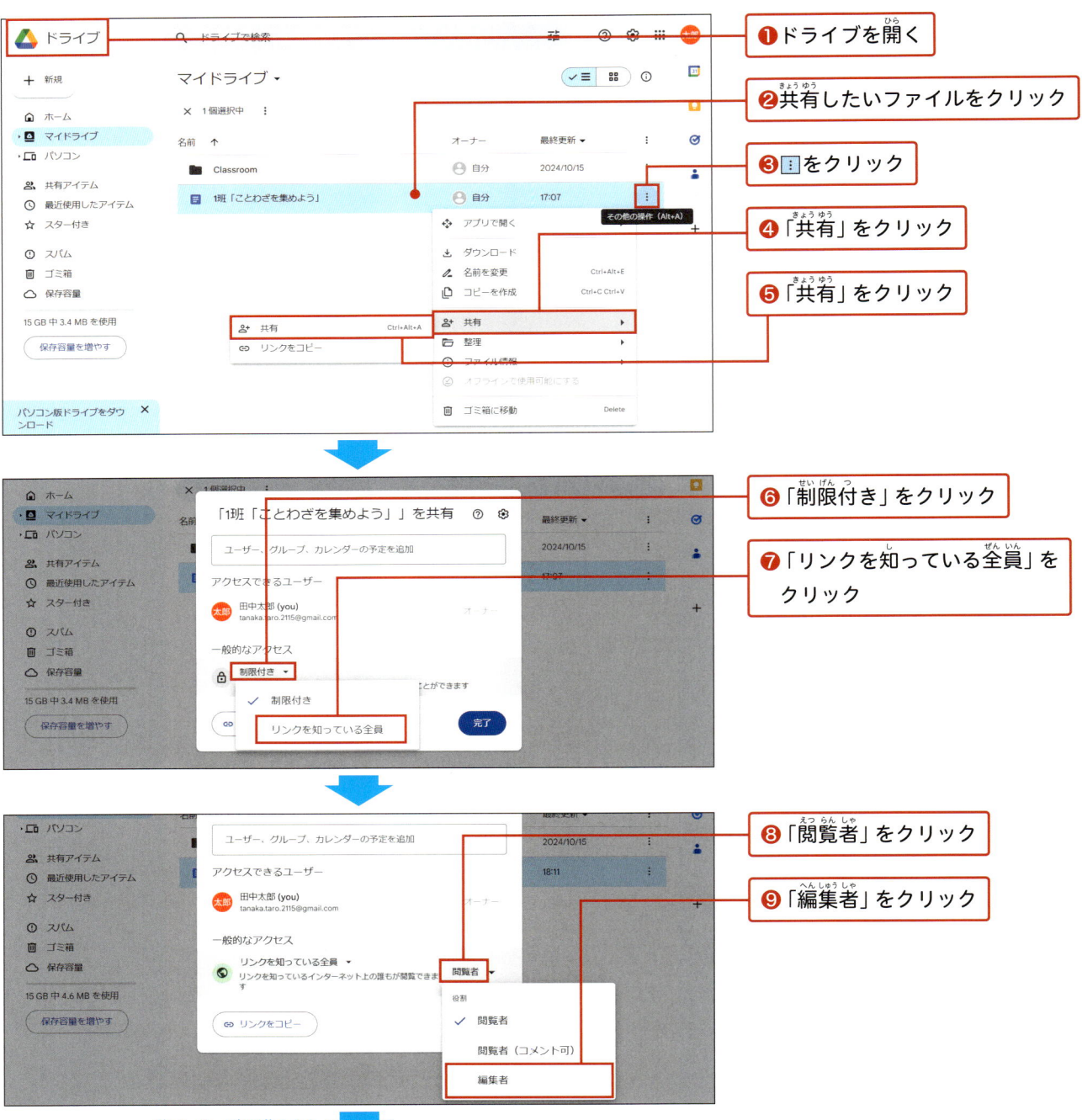

❶ドライブを開く

❷共有したいファイルをクリック

❸ ⋮ をクリック

❹「共有」をクリック

❺「共有」をクリック

❻「制限付き」をクリック

❼「リンクを知っている全員」をクリック

❽「閲覧者」をクリック

❾「編集者」をクリック

次のページに進もう！

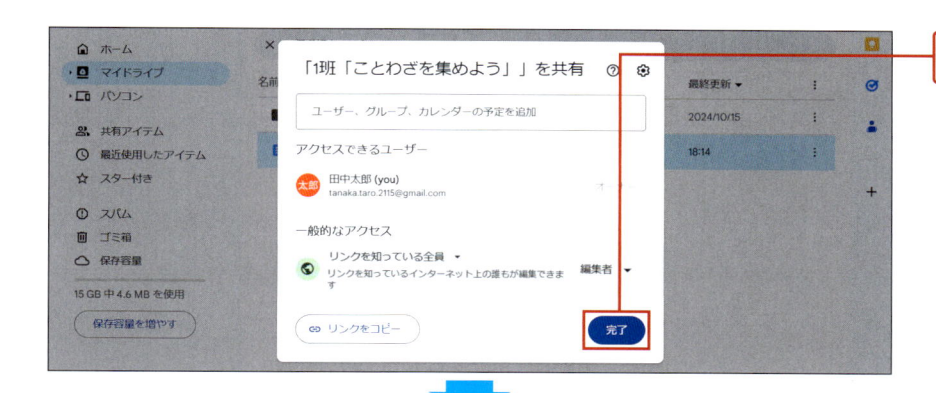

⑩「完了」をクリック

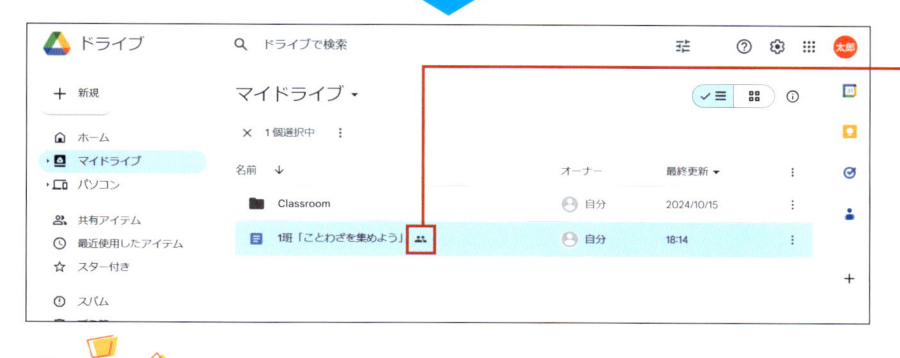

共有したいファイルに「共有中」の
マークが表示されたら成功！

ヒント 「閲覧者」「閲覧者（コメント可）」「編集者」の違い

28ページの手順❾では、「閲覧者」「閲覧者（コメント可）」「編集者」のうち、「編集者」を選びました。
この3種類にどんな違いがあるか確認しましょう。

- **閲覧者**

  ファイルやコメントを見ること、ダウンロード、印刷ができる。

- **閲覧者（コメント可）**

  「閲覧者」ができることに加えて、コメントや提案の入力ができる。

- **編集者**

  「閲覧者（コメント可）」ができることに加えて、ファイルの編集、共有、削除ができる。

「コメント」を使うと、
ファイルに感想を
入力できるよ！

「インターネットに接続されていません」と表示されたら？

みなさんが端末を使うときは、Wi-Fiに接続していることが多いと思います。Wi-Fiが使えなくなると、下のような画面が表示されます。この画面が表示されたら、端末ごとの方法でWi-Fiに接続しましょう！

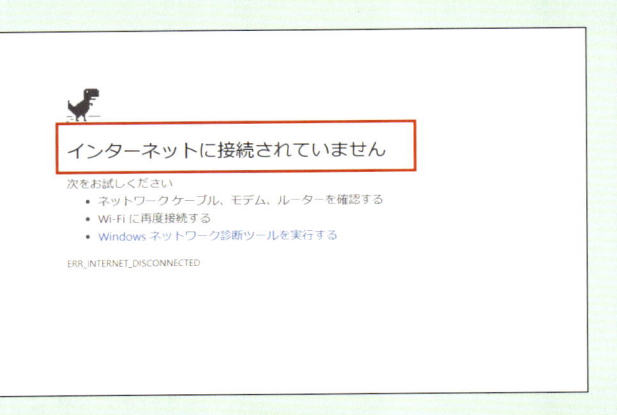

ノートパソコンを使っているとき

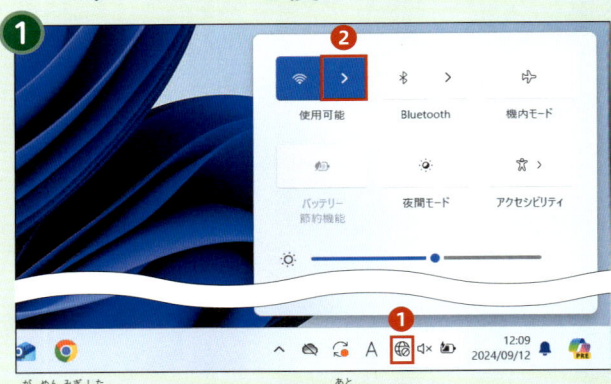

画面右下の❶をクリック。その後、❷をクリック。

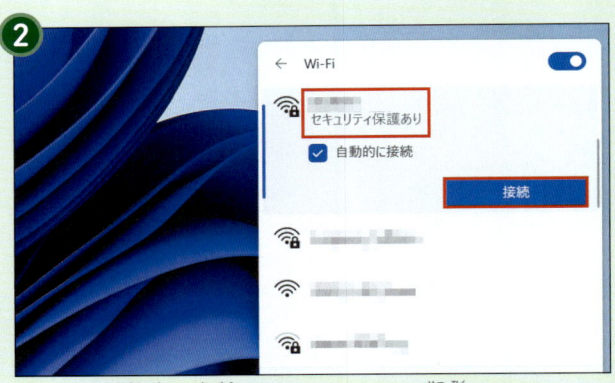

使いたいWi-Fiの名前をクリックして、「接続」をクリック。

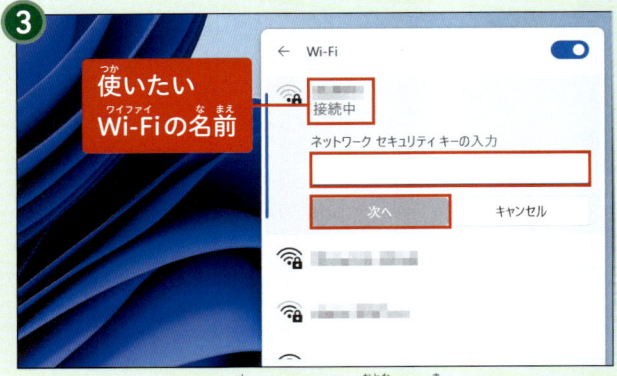

セキュリティキーを知っている大人に聞いて、セキュリティキーを入力。その後、「次へ」をクリック。

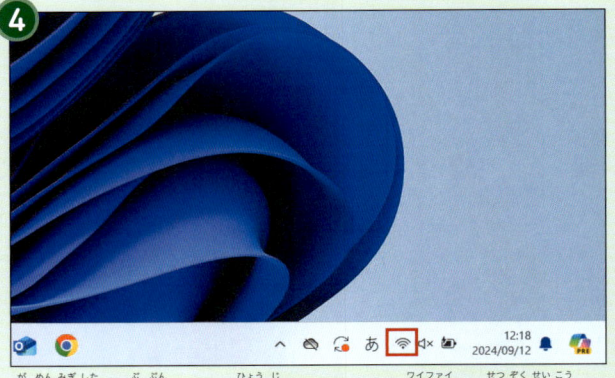

画面右下の部分に📶と表示されたら、Wi-Fiに接続成功！

Chromebookを使っているとき

画面右下の❶をクリック。その後、❷をクリック。

使いたいWi-Fiの名前をクリック。

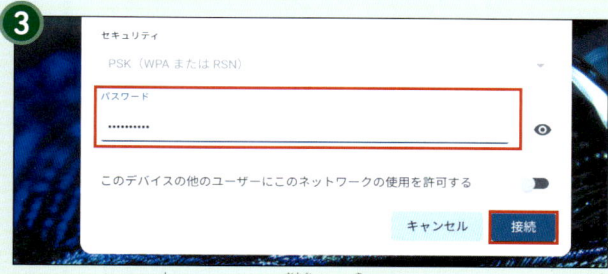

パスワードを知っている大人に聞いて、パスワードを入力。その後、「接続」をクリック。

画面右下の部分に📶と表示されたら、Wi-Fiに接続成功！

タブレット（特にiPad）を使っているとき

ホーム画面の「設定」アプリをタップ。

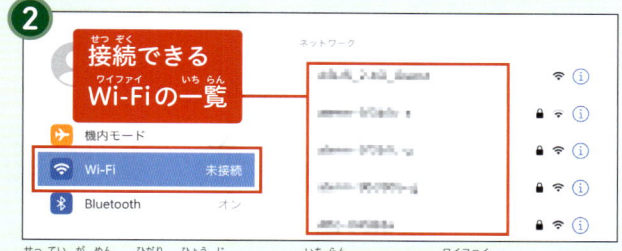

設定画面の左に表示された一覧にある「Wi-Fi」をタップ。その後、右に表示された一覧にある使いたいWi-Fiの名前をタップ。

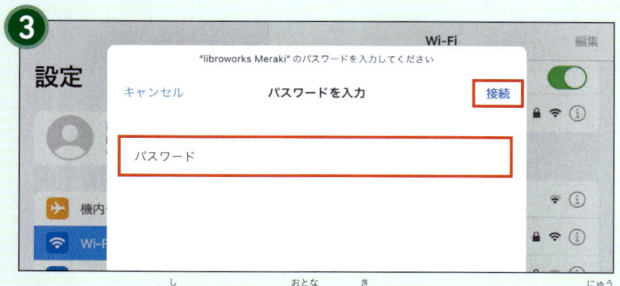

パスワードを知っている大人に聞いて、パスワードを入力。その後、「接続」をタップ。

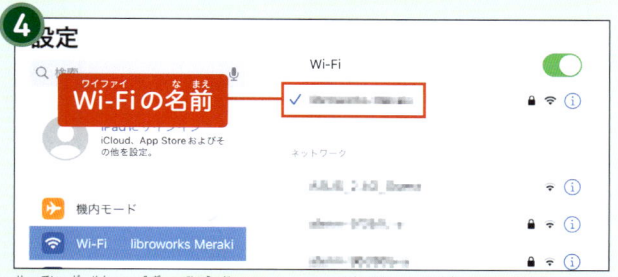

設定画面の右に表示された「Wi-Fi」の下に、使いたいWi-Fiの名前が表示されたら、Wi-Fiに接続成功！

● さくいん

監修 鈴谷大輔（すずやだいすけ）

埼玉県公立小学校教諭。特定非営利活動法人タイプティー代表理事。子どもも先生もワクワクしながらプログラミング教育に取り組める国にすることをミッションとして活動中。プログラミング教育関連のイベント運営に複数携わる。放送大学「Scratch プログラミング指導法」ゲスト出演。

● 特定非営利活動法人タイプティー
　・ホームページ：https://typet.jp/
　・YouTube チャンネル：https://www.youtube.com/@typetedu

● 個人の YouTube チャンネル（GIGA ブートキャンプ）
　https://www.youtube.com/@gigabc

文 リブロワークス

絵 サナダシン

編集 リブロワークス

装丁・本文デザイン 風間篤士（リブロワークス・デザイン室）

自分でできる！めざせ！Google Workspace for Education マスター
① Google Classroom、Google ドライブ™ ほか

2025年1月　初版第1刷発行

発行者　三谷光
発行所　株式会社汐文社
　　　　〒102-0071
　　　　東京都千代田区富士見 1-6-1
　　　　TEL 03 (6862) 5200
　　　　FAX 03 (6862) 5202
　　　　https://www.choubunsha.com
印　刷　新星社西川印刷株式会社
製　本　東京美術紙工協業組合